ACTEURS ET ACTRICES D'AUTREFOIS

Documents et anecdotes publiés sous la direction de M. LOUIS SCHNEIDER

Mademoiselle Molière

par

Henry Lyonnet

LIBRAIRIE
FÉLIX ALCAN

MADEMOISELLE
MOLIÈRE

DU MÊME AUTEUR

A Travers l'Espagne inconnue, Richard, Lamm et C°, un volume.

Excursions historiques et littéraires, P. Ollendorff, un volume.

Le Théâtre en Espagne, P. Ollendorff, un volume.

Le Théâtre au Portugal, P. Ollendorff, un volume.

Le Théâtre en Italie, P. Ollendorff, un volume.

Pulcinella et C°, préface de G. Larroumet, P. Ollendorff, un volume.

Mademoiselle Raucourt et les comédiens français du prince Eugène (1806-1814), Ch. Schmid, un volume.

La Grande armée, épopées centenaires, A. Fayard, un volume.

Dictionnaire des comédiens français, ceux d'hier, dix mille biographies, cinq cents clichés, ouvrage récompensé par la Société de l'Histoire du théâtre, E. Jorel, deux volumes.

Au Rideau et derrière la toile, préface de Louis Schneider, E. Jorel, un volume.

Les « Premières » de Molière, préface de Jules Truffier, Delagrave, un volume.

Les « Premières » de P. Corneille, préface de Auguste Dorchain, Delagrave, un volume.

Les « Premières » de J. Racine, préface de Georges Rivollet, Delagrave, un volume.

EN PRÉPARATION :

Les « Premières » de Marivaux.

ACTEURS ET ACTRICES D'AUTREFOIS
Documents et Anecdotes
publiés sous la direction de M. LOUIS SCHNEIDER

MADEMOISELLE MOLIÈRE

(ARMANDE BÉJART)

PAR

Henry LYONNET

LIBRAIRIE FÉLIX ALCAN
108, BOULEVARD SAINT-GERMAIN, PARIS
1925

CHAPITRE PREMIER

NAISSANCE MYSTÉRIEUSE

La famille Béjart. — Madeleine Béjart. — Un gentilhomme ami
des comédiennes. — Les théâtres de Paris en 1638. —
Jean-Baptiste Poquelin. — Vie nomade. — Armande,
fille ou sœur de Madeleine. — Sa petite enfance dans le
Languedoc. — Mademoiselle *Menou*.

Mademoiselle et non Madame ? Assurément, puisque
les épouses qui n'étaient point femmes de qualité au
xviie siècle, ne s'appelaient pas *Madame*, et que ce nom
de *Mademoiselle Molière* fut celui porté par Armande
Béjart depuis le jour de son mariage. Respectons le langage de l'époque du Grand Roi, et conservons le vocable
sous lequel une célèbre comédienne s'illustra.

Elle est curieuse, l'histoire de cette famille Béjart
dans laquelle Molière, au seuil de la jeunesse, va trouver
une éducatrice avertie, et vingt ans plus tard, dans son
âge mûr, une jeune fille dont il fera sa femme.

D'où sortaient-ils, tous ces Béjart dont nous trouvons
le nom porté sur le théâtre, en quelques années, par cinq
personnes différentes, et quelle était l'origine de cette
Armande — la future Mlle Molière — dont la naissance
est restée toujours un mystère ?

— I —

Qui donc enfin aurait pu supposer, en un siècle où les gens de théâtre formaient une caste à part, que toute cette tribu dramatique — sauf Armande peut-être — avait pour père un humble huissier à la maîtrise des eaux et forêts de France, Joseph Béjart, époux de Marie Hervé ? Car s'ils étaient pauvres d'argent, les Béjart, ils étaient par contre riches d'enfants, puisqu'ils en eurent presque une douzaine. Le maigre office à la table de marbre du Palais n'était pas, comme on peut le supposer, une grasse provende pour faire vivre tant de monde. Aussi voit-on la famille, forcée sans doute par la gêne, ou par son développement, changer sans cesse de logement, passant de la paroisse Saint-Paul à la paroisse Saint-Gervais, et réciproquement.

Madeleine, l'aînée, était une belle fille rousse. Au lieu de la misère endurée dans la maison trop pleine et trop étroite de ses parents, elle préféra de bonne heure prendre son vol, et la voici à dix-huit ans déjà «émancipée d'âge», propriétaire d'une petite maison rue Thorigny, au Marais.

Le Marais, sous Louis XIII, c'est le grand quartier à la mode, c'est la Place Royale, ce sont les somptueux hôtels, et non loin de là, rue Vieille-du-Temple, cette salle du Marais, le théâtre le plus élégant de l'époque, sur lequel, au moment même où nous sommes, Pierre Corneille vient de triompher avec le *Cid*. L'affluence a été telle qu'il a fallu, pour contenter tous les spectateurs, mettre des banquettes sur la scène. Elles y resteront plus de cent ans.

Madeleine a des lettres. Elle adresse des vers au poète Rotrou à propos d'une de ses tragédies, et l'on peut en déduire que, si déjà elle n'était pas comédienne, elle s'occupait de théâtre. Elle a rencontré sur sa route un Prince Charmant, M. de Modène, chambellan de Gaston, frère du roi. M. de Modène habite l'hôtel de Guise, non loin du théâtre du Marais dont il est l'habitué. La petite maison de Madeleine Béjart, rue de Thorigny, est à deux pas.

Le 3 juillet 1638, Madeleine accouche d'une fille à laquelle on donne le nom de Françoise, détail qui n'est pas sans importance, puisque plus tard on recherchera si cette Françoise n'est pas la même que la mystérieuse Armande.

Et ici nous assistons à un vrai baptême funambulesque : Esprit Rémond de Modène, bien que marié en province, n'hésite pas à déclarer que cette enfant est sienne, tandis qu'il charge un ami de représenter sur les fonts baptismaux le parrain qui n'est autre que son propre fils légitime, un enfant de sept ans !

Cependant, le noble messire Esprit Rémond de Moirmoiron, chevalier, seigneur de Modène et autres lieux, chambellan de Gaston, frère du roi, a atteint la trentaine. Il ne peut raisonnablement passer sa vie dans les coulisses du théâtre du Marais, derrière les jupes des comédiennes.

Engagé dans les aventures des ducs de Guise, de Bouillon et du comte de Soissons qui conspirent à Sedan, il quitte Paris et sa maîtresse, rêvant sans doute de plus hautes destinées, et cet éloignement va jeter délibérément Madeleine dans une voie nouvelle.

Les théâtres sont peu nombreux à Paris en l'an de grâce 1639 : à l'exception de l'Hôtel de Bourgogne, et du théâtre du Marais, on en chercherait vainement d'autres. Les quelques comédiens de passage qui se risquent à jouer dans des jeux de paume, attirent sur leurs têtes toutes les foudres des comédiens de l'Hôtel, jaloux de leurs privilèges. La province seule offre quelques ressources, et voici la fille aînée de l'huissier Béjart engagée dans une troupe de campagne dont l'histoire nous est inconnue, mais qui nous fait songer à celle du *Roman Comique*, de Scarron.

Selon toute apparence, la jeune comédienne parcourt le Languedoc et le Midi de la France. Y revit-elle M. de Modène ? Celui-ci, après avoir échoué dans son entreprise avec le duc de Guise, et avoir été blessé à la bataille de la Marfée, avait jugé prudent de se retirer dans sa terre du Comtat Venaissin, terre papale. C'était le moyen le plus sûr d'éviter le sort de ses amis emprisonnés au château de Vincennes.

Quoi qu'il en soit, si nous voulons supposer qu'Armande est née vers 1642, et qu'elle est fille de Madeleine, nous retiendrons cette phrase du pamphlet *La Fameuse*

Comédienne : « Elle (Armande) a passé sa plus tendre jeunesse en Languedoc, chez une dame distinguée dans la province. »

Madeleine est revenue à Paris où son père vient de mourir sans fortune, et voici cette jeune femme de vingt-six ans endossant toutes les responsabilités d'un chef de famille, et se chargeant à elle seule de faire vivre sa mère, ses frères et sa sœur. Comment ? Par le théâtre ! Et quelle animatrice ! Elle entraîne tout le monde dans son mouvement irrésistible : on a loué la salle d'un jeu de paume, le « tripot de la Perle ». On y installera le théâtre des « Enfants de Famille », qui s'appellera bientôt l'*Illustre Théâtre*.

Qui voit-elle autour d'elle ? Son frère aîné, Joseph, un grand garçon de vingt-sept ans, qui peut-être n'a jamais songé au théâtre, et qui bégaie légèrement. Il n'importe. Il endossera le costume des héros ! Louis, le cadet, est trop jeune. Il rejoindra la troupe plus tard.

Qui encore ? Sa sœur Geneviève. Elle jouera les rôles de soubrettes, et pour éviter une confusion de noms, elle prendra celui de Mlle Hervé, nom de sa mère.

Parents, amis, camarades d'enfance, il faut que chacun tienne sa place dans cette troupe de dix sociétaires, à laquelle est venu se joindre un nouveau venu : c'est un jeune homme de vingt et un ans, fils d'un tapissier du roi. Il est fou de théâtre, et s'appelle Jean-Baptiste Poquelin. Quelques mois plus tard, il prendra le nom de *Molière*.

Nous glisserons sur des événements archiconnus : les malheureuses tentatives à Paris, à la rue Mazarine et au Port Saint-Paul, la dislocation de la compagnie, sa reconstitution à Nantes, ses précieuses recrues chemin faisant, ses courses folles à travers les provinces où la « Troupe de la Béjart » l'emporte sur toutes ses rivales par le talent de ses interprètes et la richesse de ses costumes. Il nous tarde d'arriver au moment où la jeune Armande, quittant « La Dame d'un rang distingué » qui l'avait élevée en Languedoc, va rejoindre à Lyon la compagnie de nos comédiens errants.

Nantes, Fontenay-le-Comte, Poitiers, Châteauroux, Limoges, Angoulême, Bordeaux, Toulouse, Carcassonne, Montpellier, Béziers, Pézenas, pour ne citer que quelques-uns des endroits où l'on a retrouvé leurs traces, toutes ces villes les ont vu passer. Ils ont joué dans les châteaux et dans les granges. Ils sont devenus les comédiens ordinaires de Mgr le Prince de Conti. Ils ont été appelés officiellement, tantôt à Pézenas, tantôt à Montpellier, tantôt à Béziers, pour donner la comédie à ces « Messieurs des Etats ». Mais Lyon est devenu leur centre, leur lieu de ralliement ; et telle est la raison qui a décidé Madeleine à rappeler près d'elle la jeune Armande, une enfant — qui saura jamais son âge ? — de dix à douze ans, peut-être davantage.

Elle est bien mignonne, cette petite *Menou*, car c'est par ce surnom enfantin qu'on la désigne. Personne ne demandera d'où elle sort. Dans les coulisses on dira tout bas qu'elle est la fille de Madeleine. Devant les étrangers, pour cacher cette maternité, sans doute, on affirme qu'elle est sa *jeune sœur*.

Dans quelles conditions cette toute jeune fille, subitement transplantée d'un manoir provincial dans un tripot dramatique, va-t-elle vivre désormais ? Les années de misère sont passées pour nos comédiens. A Lyon, où ils prennent leurs quartiers d'hiver, ils sont installés dans un jeu de paume sur la paroisse Saint-Paul, au bas du coteau de Fourvières. On sait que les salles de spectacle n'existaient pas encore. Leur troupe est bonne et fait de belles recettes.

Les Béjart vivent en famille, et Molière fait partie de la maisonnée. Joseph, qui tient toujours les premiers rôles, compose à ses moments perdus un *Armorial* qu'il espère faire souscrire à ces « Messieurs des Etats » du Languedoc. Louis, le cadet, dit l'Eguisé, à présent âgé de plus de vingt ans, est venu rejoindre ses deux sœurs et son frère. Tout autour d'eux, ce sont des couples : il y a le couple De Brie, comme il y a le couple Du Parc. Ce dernier de récente date, car Du Parc s'est marié à Lyon. Charles Du Fresne, fils d'un peintre du roi, est tout à la fois administrateur et décorateur de la compagnie. Molière tout imprégné du répertoire italien, songe à écrire ses premières pièces, *L'Etourdi*, qu'il donne à Lyon, et sa seconde, *Le Dépit Amoureux*, en cinq actes, à Béziers.

Il ne saurait être question pour Mlle Menou de tenir un rôle sérieux dans la comédie ; mais elle assiste à la confection de toute cette « cuisine » dramatique. On pourra dire d'elle quelques années plus tard qu'elle est une « enfant de la balle ».

La vie de nos comédiens, parmi lesquels grandit Armande, est des plus dignes, et nous savons par un contemporain qui resta plusieurs mois en leur compagnie à Lyon, où il les avait rencontrés, puis à Pézenas et à Narbonne où il les accompagna, que l'on ne s'ennuyait pas dans leur entourage.

Ce témoin, c'est d'Assoucy, barde ambulant, qui, suivi de deux pages de musique, allait de ville en ville, de château en château, de couvent en couvent, vendant ses poésies et ses cantiques. Ce qui le charma le plus dans ses voyages, nous dit-il, ce fut la rencontre de Molière et de « Messieurs les Béjart ». Il s'assit à leur table, il vécut « parmi les jeux, la comédie et les festins » et ce n'est pas sans gratitude qu'il parle des sept ou huit plats qu'il voyait défiler sur la table, payant son écot « en harmonie ». Ne plaignons pas Mlle Menou. Chacun la fête et la gâte. Elle ne connaît encore que le beau côté de la vie.

CHAPITRE II

DÉBUTS AU THÉATRE

Armande fut-elle de tous ces déplacements hors de
Lyon ? Nous ne pouvons l'affirmer. Mais ce que nous
n'ignorons point, c'est que Madeleine soignait son éducation. Armande savait fort bien danser, comme toutes les
comédiennes de son époque, connaissait la musique, et
chantait très agréablement en français et en italien.

Belle ? Non pas au sens exact du mot. Mais plus
séduisante que si elle eût été véritablement belle.
Molière n'a-t-il pas pris soin de nous laisser son portrait dans *Le Bourgeois Gentilhomme*, où elle créa le rôle
de Lucile ?

On se rappelle la situation : Cléonte s'excitant contre
Lucile engage Covielle à lui en dire tout le mal qu'il
pourra, à lui en faire une peinture qui l'en éloigne. Covielle
obéit, mais Cléonte, en amoureux qu'il est, transforme
aussitôt tous ces défauts en beautés.

— Premièrement, elle a les yeux petits.

— Cela est vrai, elle a les yeux petits, mais elle les a pleins de feu, les plus brillants, les plus perçants du monde, les plus touchants qu'on puisse voir !

— Elle a la bouche grande.

— Oui, mais on y voit des grâces qu'on ne voit point aux autres bouches, et cette bouche, en la voyant, inspire des désirs ; elle est la plus attrayante, la plus amoureuse du monde.

— Pour sa taille, elle n'est pas grande.

— Non, mais elle est aisée et bien prise.

— Elle affecte une nonchalance dans son parler et dans ses actions...

— Il est vrai, mais elle a grâce à tout cela, et ses manières engageantes ont je ne sais quel charme à s'insinuer dans les cœurs.

— Pour de l'esprit...

— Elle en a, Covielle, du plus fin et du plus délicat.

— Sa conversation...

— Sa conversation est charmante.

— Elle est toujours sérieuse.

— Veux-tu de ces engouements épanouis, de ces joies toujours ouvertes, et vois-tu rien de plus impertinent que des femmes qui rient à tout propos ?

— Mais enfin elle est capricieuse autant que personne au monde.

— Oui, elle est capricieuse, j'en demeure d'accord,

mais tout sied aux belles, on souffre tout des belles.

En attendant, la jeune fille ne fait que promettre ce qu'elle sera un jour, et Chapelle, écrivant en vers à son ami Molière, se contentera de lui parler de « branche fleurie » et de « naissants appâts », lui conseillant de ne montrer cette poésie qu'à Mlle Menou seulement, car il a fait ces vers à son image.

Qu'Armande ait été, dès Lyon, associée au sort de la troupe, c'est incontestable. Elle y rend, à l'occasion, de petits services ; elle se joint sans aucun doute à cette figuration dont les principaux éléments étaient constitués par les propres valets et les femmes de chambre des comédiens. Et, si l'on était tenté de considérer cette supposition comme trop osée, il nous suffirait de rappeler que l'on a retrouvé ce nom de Mlle Menou sur un projet de distribution de rôles dans une brochure d'*Andromède* :

Dieux dans les machines

Mlle Menou   *Ephyre*

Nous disons projet, car il n'est nullement démontré que la troupe de Molière ait joué l'*Andromède* de P. Corneille à Lyon. Tout ce que nous pouvons dire, c'est que tous les noms des comédiens et comédiennes, écrits à la plume sur cette rarissime brochure, sont ceux des acteurs et actrices faisant partie de la troupe de Molière en cette ville, vers l'année 1652, d'où il résulte que l'on songeait déjà à la très jeune Armande quand il s'agissait de distribuer de petits rôles.

Il nous faut faire maintenant un saut énorme dans l'histoire de Molière pour trouver Armande Béjart apparaissant *sous son nom* pour la première fois.

Quand nous disons « sous son nom », il ne s'agit pas d'affiche. Les noms des comédiens ne figuraient pas sur les affiches au xviie siècle, et il en fut encore ainsi au siècle suivant jusqu'à la Révolution. Nous voulons dire par là que, bien qu'elle ne fasse pas encore partie officiellement de la compagnie, elle semble déjà y avoir quelques droits, car Molière, aussitôt la clôture annuelle de Pâques, en 1661, a demandé une *seconde part* pour lui dans la troupe *pour le cas où il se marierait*. Deux mois plus tard, Mlle Menou devenue cette fois Armande Béjart, créa le rôle de Léonor dans *L'Ecole des Maris*, jeune pupille qu'un homme de soixante ans, Ariste, prétend épouser, sans craindre de se montrer dans ce rôle de fiancé quelque peu ridicule. Ce n'était, il est vrai, que de la comédie !

Que s'est-il donc passé pendant ces dernières années ? La troupe, privée de la protection du prince de Conti qui la faisait venir chaque année en Languedoc, a quitté Lyon pour Grenoble avant d'aller à Rouen où elle a rencontré les deux Corneille, en attendant le jour où elle sera autorisée à jouer devant le roi et toute la Cour dans la salle des gardes du vieux Louvre. Cette fois, le sort en est jeté, et toute la tribu des Béjart se fixera définitivement à Paris.

Nous les trouvons, ces Béjart, sur le quai de l'Ecole, actuellement quai du Louvre, en la maison de l'*Image Saint-Germain*. Ce logis est tout proche de la salle du Petit-Bourbon où la troupe est autorisée à donner des représentations quatre fois par semaine, en même temps que les Italiens deux autres jours.

Asile provisoire jusqu'au moment où le Petit-Bourbon devant être démoli pour faire place à la colonnade du Louvre, nos comédiens seront forcés de trouver un autre local, la salle du Palais-Royal, que le cardinal de Richelieu avait fait bâtir pour les représentations de *Mirame ;* c'est sur cette scène qu'Armande jouera pendant près de douze ans.

Ce changement de salle amène aussi le changement de demeure, et voici installés dans une vaste maison sise au coin de la rue Saint-Thomas-du-Louvre, à l'angle de la rue Saint-Honoré, avec vue sur la Place du Palais-Royal, outre la vieille Marie Hervé, mère des Béjart, Molière, Madeleine Béjart, sa sœur Geneviève, qui n'est pas encore mariée, Louis Béjart, leur frère (Joseph est mort quai de l'Ecole), la mystérieuse Armande, et par surcroît le ménage de Brie, elle, l'ingénue idéale du théâtre de Molière, lui, « l'utilité » dont on ne peut se passer.

Cette maison, véritable pandémonium dramatique,

est celle désignée à l'époque par les titres de « Maison de la Crosse » ou « Maison du Singe ».

Mais avant de raconter le drame intime qui va se jouer dans cette demeure, et dont Armande sera l'héroïne, nous traverserons avec elle la place du Palais-Royal et l'accompagnerons à une répétition de son théâtre.

Cette appellation de « Théâtre du Palais-Royal » a égaré bien des gens peu versés dans l'histoire du vieux Paris. Ce théâtre, qui s'élevait à l'endroit où se trouve l'entrée actuelle de la rue de Valois, n'eut jamais rien de commun ni avec la Comédie-Française située de l'autre côté du Palais, à l'angle de la rue de Richelieu, ni encore moins avec le Théâtre du Palais-Royal actuel, construit sous Louis XVI, au bout de la galerie Montpensier.

La salle du « Palais-Royal », qui abrita douze ans la troupe de Molière, avait été bâtie quelques vingt ans auparavant pour les divertissements du Grand Cardinal, puis elle avait été abandonnée. C'était un long rectangle avec une scène élevée à l'une des extrémités, faisant face à un amphithéâtre de vingt-sept degrés de pierre. Entre l'amphithéâtre et la scène, il y avait place pour environ trois cents personnes *debout*. Les gradins de l'amphithéâtre n'avaient même leur raison d'être que parce qu'ils permettaient aux spectateurs qui les occupaient de voir par-dessus la tête des gens du parterre. Bizarre coutume qui se prolongea longtemps encore.

Le parterre ne s'assit pour la première fois que dans la salle actuelle de l'Odéon.

Puis, sur les côtés de ce rectangle, deux balcons dorés posés l'un sur l'autre. Un escalier ou perron de cinq marches relie le milieu de la scène au parterre. Deux statues décorent chaque côté de l'avant-scène. Le souffleur est placé dans la coulisse ; l'orchestre de quatre ou six violons est relégué dans la plus mauvaise loge du second étage. La scène enfin est encombrée à droite et à gauche, non de « banquettes » comme on a coutume de dire (c'est le terme consacré), mais de chaises de paille où il faut payer très cher le droit de s'asseoir, et surtout de se montrer.

Les seuls jours où le roi vient au théâtre, les chandelles sont remplacées par des bougies.

Quelle avait été l'initiatrice dramatique d'Armande ? Madeleine sans aucun doute. Mais l'enfant ne s'était-elle pas plutôt formée elle-même par la fréquentation quotidienne des comédiens ? N'avait-elle pas coutume d'assister à leurs travaux ? On nous a dit qu'elle avait beaucoup d'esprit naturel. Pourquoi ne pas admettre que Molière lui-même ne lui ait pas donné des leçons ?

Ce contact journalier de Molière avec cette enfant à l'éducation de laquelle il participe va être la cause de tout le conflit.

Madeleine vieillissait ; elle avait largement passé la quarantaine ; Armande fleurissait. Il est facile de reconstituer le roman : Molière regardait Armande grandir ; il avait vu l'enfant devenir jeune fille, puis femme, et pouvait assister, en observateur, aux transformations successives du caractère de sa protégée. Quelle source de réflexions sur les instincts, l'éducation, le développement de la nature féminine !

Mais pourquoi nous donner tant de mal pour comprendre ce qui se passe dans l'âme du *contemplateur*. Les œuvres de Molière, pour qui sait les lire, sont de véritables *mémoires*. C'est par elles que nous connaissons sa vie intime, ses pensées les plus secrètes ; tout est raconté dans ces comédies qu'il tirait de ses propres aventures, de ses propres méditations, de ses propres souffrances, des situations mêmes où il s'était trouvé. Molière veut épouser Armande ; il écrit *L'Ecole des Maris*.

Madeleine a senti le danger, et la vieille maîtresse physiquement délaissée se cabre ; elle met tout en œuvre pour contrecarrer ce projet de mariage entre un homme de quarante ans et une jeune fille de vingt ans plus jeune. A tel point, nous laisse entendre un biographe, que Molière aurait pris un moment le parti de se marier sans rien dire. Mais comme elle l'observait de fort près, ajoute-t-il, il ne put consommer son mariage pendant plus de neuf mois.

Cette révélation concorde du reste parfaitement avec le fait que dix mois plus tôt, après la fermeture de Pâques 1661, il avait pris la précaution de demander à ses asso-

ciés une part en plus pour sa femme, s'il venait à se marier. C'est le moment où il a soin de lui apprendre, dans *L'Ecole des Maris,* que l'amour d'un homme mûr n'est pas à dédaigner, et qu'il faut fermer l'oreille aux galanteries des jeunes freluquets.

Le rôle de Léonor, qu'il écrit pour elle, est bien secondaire, et néanmoins, il semble qu'il ait voulu lui mettre dans la bouche quelques sages conseils dont elle devra faire son profit dans la vie privée.

On l'a fiancée à un homme de soixante ans, Ariste, frère de Sganarelle ; il faut qu'elle trouve cela tout naturel (n'oublions pas que Molière n'en avait que quarante). Mais une jeune femme ne doit-elle pas éloigner les galants ?

Léonor.

..... O l'étrange martyre !
Que tous ces jeunes fous me paraissent fâcheux !
Je me suis dérobée au bal pour l'amour d'eux.

Lisette.

Chacun d'eux près de vous veut se rendre agréable.

Léonor.

Et moi je n'ai rien vu de plus insupportable ;
Et je préférerais le plus simple entretien
A tous les contes bleus de ces diseurs de rien.
Ils croient que tout cède à leur perruque blonde,
Et pensent avoir dit le meilleur mot du monde,
Lorsqu'ils viennent d'un ton de mauvais goguenard
Vous railler sottement sur l'amour d'un vieillard ;
Et moi, d'un tel vieillard je prise plus le zèle
Que tous les beaux transports d'une jeune cervelle.

Voici ce qui peut s'appeler de la précaution. Il aura fait dire par la jeune Léonor qu'il n'y a rien de mieux que d'épouser un homme bien plus âgé, lorsque ce mari est décidé à ne pas gêner une jeune femme dans les goûts de son âge ; tandis qu'Isabelle, sa sœur, tenue en esclave par Sganarelle, se jouera à la fin de son ridicule surveillant.

Il est amusant de constater cette « leçon » qu'il lui fait répéter en scène quelques mois avant la cérémonie finale, alors que toutes sortes d'obstacles se dressent devant lui.

Et cependant bien que ces empéchements suscités par Madeleine nous paraissent logiques, il ne faut pas ignorer le passage suivant du pamphlet de *La Fameuse Comédienne* qui donne une tout autre interprétation à la façon dont se prépara ce mariage.

Après avoir insinué que depuis Lyon, déjà, Molière négligeant Madeleine avait la De Brie comme maîtresse, le pamphlétaire écrit : « Comme elle (Madeleine) vit que c'était un mal sans remède, elle prit le meilleur parti qui était de s'en consoler, en conservant toujours sur Molière l'autorité qu'elle avait eue et l'obligeant à prendre des mesures pour cacher le commerce qui était entre lui et la De Brie.

« Ils demeurèrent quelques années en cet état. Cependant la petite Béjart commençait à se former, ce qui donna la pensée à la mère, qui avait perdu depuis longtemps l'espérance de faire revenir Molière à elle, de le rendre amoureux de sa fille. La chose était assez difficile. La De Brie, dont il était amoureux, était fort bien faite ; et la Guérin (nom porté par Armande après son second mariage), qui n'a aucun trait de beauté, n'avait point dans sa jeunesse ces manières qui l'ont depuis rendue recommandable.

« Mais de quoi une femme jalouse ne vient-elle pas à bout lorsqu'il s'agit de détruire une rivale ? Elle remarquait avec plaisir que Molière aimait fort la jeunesse ; qu'il avait de plus une inclination particulière pour sa fille, comme l'ayant élevée ; que cette enfant aimait Molière comme s'il eût été son père. Elle lui faisait mille petites caresses que son âge lui permettait ; et il est sûr que la Guérin, quoique fort laide, a été une personne fort touchante quand elle a voulu plaire.

« La Béjart qui l'entretenait dans cet esprit de minauderie et d'enfance, comme la seule voie qui pouvait la conduire à son dessein, ne manquait pas d'exagérer à Molière la satisfaction qu'il y a d'élever pour soi un enfant dont on est sûr de posséder le cœur, dont l'humeur nous est connue, et l'assurait que ce n'est que dans cet âge d'innocence où l'on pouvait rencontrer une sincérité qui ne se trouvait que rarement dans la plupart des personnes qui ont vu le grand monde ; que pour elle, elle ne concevait pas comment un homme si délicat pouvait s'accommoder d'une personne qui avait eu plusieurs intrigues, lui disant pour maxime, qu'autant qu'une jeune personne se faisait de scrupules de tromper un homme qu'elle aimait, autant une femme qui aimait l'usage du monde se faisait un crime d'être fidèle. Elle répétait souvent les mêmes choses à Molière, en lui faisant adroitement remarquer cette joie naturelle de sa fille quand elle le voyait entrer, et son obéissance aveugle à ses volontés. Enfin, elle conduisit si bien la chose qu'il crut ne pouvoir mieux faire que de l'épouser.

« La De Brie, qui s'aperçut des desseins secrets de sa rivale, mit de son côté tout en usage pour empêcher l'accomplissement d'un mariage qui offensait si fort sa gloire. Rien ne lui paraissait si cruel que de céder un amant à une petite créature qu'elle jugeait, avec quelque raison, lui être inférieure en mérite ; elle en témoigna son inquiétude à Molière, et le mit en quelque incertitude par ses reproches.

« Il conservait beaucoup d'honnêteté pour elle, et il avait des gages de son amour qui le mettaient dans la nécessité d'avoir ces sortes d'égards. Mais heureusement pour la Béjart, leur troupe ayant obtenu la permission de s'établir à Paris, pour la seule considération que l'on avait pour Molière, il fut plus libre qu'il n'avait été de suivre ses sentiments, et il épousa la petite Béjart. »

Nous n'avons pas voulu changer un seul mot au récit du pamphlétaire qui d'abord considère indubitablement Armande comme fille de Madeleine, et brouille ensuite un peu les dates entre Lyon, Rouen et Paris, car le projet de mariage ne pouvait guère venir à l'esprit de Molière que dans les dernières années.

Seulement nous avons voulu mettre en présence les deux versions : d'une part, c'est Madeleine qui met des entraves à ce mariage, et d'autre part, c'est elle qui y pousse. Mais, en supposant ce dernier cas, comment expliquer les neuf mois de tiraillements et d'empêchements ?

Il est certain, néanmoins que cette situation de Molière entre trois femmes, est celle à laquelle faisait allusion un jour, dans une lettre, son ami Chapelle, rappelant Jupiter, pendant la guerre de Troie, aux prises avec Minerve, Junon et Vénus :

> Voilà l'histoire, que t'en semble ?
> Crois-tu pas qu'un homme avisé
> Voit par là qu'il n'est pas aisé
> D'accorder trois femmes ensemble ?
> Fais-en donc ton profit, surtout
> Tiens-toi neutre, et, tout plein d'Homère,
> Dis-toi bien qu'en vain l'homme espère
> Pouvoir venir jamais à bout ·
> De ce qu'un grand Dieu n'a su faire.

CHAPITRE III

LE MARIAGE

Les Fâcheux chez Fouquet à Vaux-le-Vicomte. — Un contrat
de comédie. — Coup de théâtre. — Armande déclarée
sœur de Madeleine. — Le lundi gras 1662. — Opinion de
Mme de Sévigné. — *L'Ecole des Femmes.* — N'imitez pas
Arnolphe. — Une scène de ménage en public. — Naissance
de Louis, premier enfant.

En attendant ce jour tant souhaité, Molière continue
à produire sa future femme en public. Il lui confectionne
des rôles à sa taille et lui réserve celui d'Orphise dans
Les Fâcheux dont la première fut donnée, comme on
sait, à l'occasion de la fameuse fête offerte au roi par
Fouquet dans son château de Vaux-le-Vicomte.

Le théâtre de verdure est dressé dans l'allée des sapins.
On y attend le roi, la reine mère, Monsieur, Madame, une
foule de princes et de seigneurs, et lorsqu'ils apparais-
sent au sortir du souper, éclairés par cent flambeaux
« dont le ciel était jaloux », nous dit la relation, tandis que
les eaux jaillissent de toutes parts, c'est Madeleine Béjart
en personne, majestueuse encore, et « belle fille » per-
sonnifiant une naïade, qui sort d'un rocher en coquille

pour venir réciter les vers du prologue à la royale assemblée.

La voici de toutes les fêtes, la jeune Armande, bien qu'encore un peu effacée. Elle joue dans *L'Ecole des Maris* et dans *Les Fâcheux* à Fontainebleau, au Théâtre du Palais-Royal, en « visite » chez Monsieur et chez l'abbé de Richelieu, au Louvre devant le roi, en visite chez M. de Nevers. Ce sont deux pièces à la mode que l'on veut entendre partout. Mais le maître ne produit guère pendant une année et demie. On devine qu'il vit dans un enfer domestique, au milieu de querelles, de reproches de bouderies.

Qu'en pense Armande ? On ne peut supposer qu'un fol amour l'attire vers son protecteur ; mais ne va-t-elle pas devenir la « patronne » ? Cette considération, jointe à de précieux cadeaux, robes et bijoux — car elle aime la dépense — suffit, à notre avis, pour faire pencher la balance.

Ici se produit le coup de théâtre, qui depuis un siècle divise les Moliéristes. Tous les Béjart se rendent chez le notaire pour y signer le contrat de mariage le 23 janvier 1662, et Madeleine s'y fait qualifier « sœur de ladite demoiselle ». La vieille Marie Hervé, veuve Béjart, déclare de son côté que « *sa fille* » est âgée de vingt ans « ou environ ». Tout le monde a oublié l'âge de la fiancée et ici le champ reste ouvert aux conjectures. Fille de Marie Hervé ? Soit. Il nous faut donc admettre que la veuve

Béjart aurait donné à son mari un onzième enfant à l'âge de 53 ans !

Contrat de comédie, somme toute — chose toute naturelle quand il s'agit de comédiens — puisque la dot de la future est de dix mille livres (une belle somme au taux actuel de notre monnaie) et son douaire de quatre mille livres, dot remise le 24 juin suivant à Molière par Marie Hervé.

Comédie ! disons-nous. Puisqu'il est péremptoirement établi que la vieille Hervé, veuve Béjart, était restée sans un sou à la mort de son mari et vivait à la charge de ses enfants, alors que sa fille aînée, Madeleine, était à son aise. Et que penser de cette générosité percée à jour envers sa jeune « sœur » (à moins qu'elle ne vînt de Molière lui-même), alors que deux ans et demi plus tard, lorsque sa sœur Geneviève se mariera, elle la laissera seule apporter en dot à son mari cinq cents livres tournois en deniers comptants et trois mille cinq cents livres tournois en habits, linge et meubles ? Nous voilà loin des dix mille livres. Qui donc, encore, à son lit de mort, Madeleine instituera-t-elle sa légataire universelle ? La mystérieuse Armande, femme de Molière.

Enfin, le lundi gras 20 février 1662, le mariage est célébré à Saint-Germain-l'Auxerrois, et le repas de noces a lieu au sortir d'une « visite » où l'on joue *Les Fâcheux*, soit chez Mme d'Equevilly, rue Saint-Louis, soit chez M. de Guénégault, quai Malaquais. Nos comédiens n'a-

vaient même pas le loisir d'avoir une journée complète-
ment libre le jour de leur mariage !

Voici donc Armande Béjart devenue Mlle Molière —
pour parler la langue du XVIIe siècle — puisque, comme
nous l'avons rappelé plus haut, les épouses qui n'étaient
point femmes de qualité ne s'appelaient pas *Madame*.

Mme de Sévigné a prétendu qu'Armande était laide.
Cette appréciation semble du moins exagérée. On ne pourrait s'expliquer qu'une comédienne laide ait remporté
tant de succès au théâtre et à la Cour. Nous croirons
plus volontiers qu'elle fut ce qu'on appelle une femme
agréable. Mlle Poisson qui l'avait vue dans sa jeunesse,
dit qu'elle avait « la taille médiocre, mais un air enga-
geant, quoique avec de fort petits yeux, une bouche fort
grande et fort plate », mais qu'elle « faisait tout avec grâce ».
Nous savons qu'elle chantait avec beaucoup de charme
en français et en italien. Grandval a déclaré de son côté
que « sans être belle, elle était piquante et capable d'ins-
pirer une grande passion ». Ceci nous semble se rapprocher de la note vraie.

Les Fâcheux, pièce dans laquelle Armande tenait le
rôle d'Orphise, ont été donnés à Vaux-le-Vicomte, chez
Fouquet, le 17 août 1661, et Molière, qui épousera
Armande au mois de février suivant, va rester seize mois
sans produire une pièce nouvelle. Jamais, depuis son installation à Paris, sa verve dramatique n'a été si tarie. Et
quelle pièce ? *L'Ecole des Femmes*, où sa femme ne tien-

dra aucun rôle, l'ingénue étant Mlle De Brie, mais où pendant cinq actes un homme de quarante-deux ans — à peu près de l'âge de Molière — va démontrer que c'est folie de vouloir épouser une toute jeune fille, et que la jeunesse va fatalement vers la jeunesse.

Voilà donc toutes les réflexions les plus intimes que lui impose son récent mariage ! Etrange confession, en vérité, dans laquelle un homme semble dire au public : « J'ai fait, quant à moi, une sottise, un grosse sottise, mais vous n'avez pas besoin de le savoir. C'est une autre histoire que je vous conte. Souvenez-vous de cet imbécile d'Arnolphe, et surtout ne faites pas comme lui. »

Si l'on tient compte du moment où Molière écrivit cette pièce et des préoccupations qui devaient l'assaillir, il faut reconnaître que le début de *L'Ecole des Femmes* est vraiment caractéristique. Souvenons-nous. Molière vient de prendre femme — Arnolphe projette d'en prendre une. Que lui dit Chrysalde, son ami ?

Chrysalde.

Voulez-vous qu'en ami je vous ouvre mon cœur ?
Votre dessein, pour vous, me fait trembler de peur ;
Et, de quelque façon que vous tourniez l'affaire,
Prendre femme est à vous un coup bien téméraire.

Arnolphe.

Il est vrai, notre ami. Peut-être que chez vous
Vous trouvez des sujets de craindre pour chez nous ;
Et votre front, je crois, veut que du mariage
Les cornes soient partout l'infailllible apanage.

Chrysalde.

Ce sont coups du hasard, dont on n'est point garant ;
Et bien sot, ce me semble, est le soin qu'on en prend.
Mais quand je crains pour vous, c'est cette raillerie
Dont cent pauvres maris ont souffert la furie...

Cette conversation, mais c'est celle que Molière s'est
tenue à lui-même, s'adressant les prudentes observations
de Chrysalde, et y répondant comme Arnolphe.

Il est entendu que le théâtre exige un grossissement, et
qu'il est, pour la peinture des caractères, ce que la cari-
cature est au dessin. Mais tout en rendant, soit Ariste,
soit Arnolphe ridicules, il n'en est pas moins vrai
que Molière semble écrire une sorte de catéchisme
à l'usage de sa jeune épouse, catéchisme où le terrible
jaloux qu'il est en réalité perce à chaque ligne. Ecoutez
Arnolphe faisant ses recommandations à Agnès, et la
mettant en garde contre les séducteurs :

De tous ces damoiseaux on sait trop les coutumes :
Ils ont de beaux canons, force rubans et plumes,
Grands cheveux, belles dents, et des propos fort doux ;
Mais, comme je vous dis, la griffe est là-dessous ;

Et plus loin :

Le mariage, Agnès, n'est pas un badinage ;
A d'austères devoirs le rang de femme engage ;
Et vous n'y montez pas, à ce que je prétends,
Pour être libertine et prendre du bon temps.

Tout ceci n'est que comédie, dira-t-on. Assurément.
Mlle Molière ne joue même pas dans la pièce, et c'est
à Agnès, représentée par Mlle De Brie, qu'Arnolphe-
Molière s'adresse. Mais elle est là, dans la salle ou dans
les coulisses, et elle ne peut s'empêcher d'entendre des
vers comme ceux-ci :

> Gardez-vous d'imiter ces coquettes vilaines
> Dont par toute la ville on chante les fredaines,
> Et de vous laisser prendre aux assauts du malin,
> C'est-à-dire d'ouïr aucun jeune blondin.
> Songez qu'en vous faisant moitié de ma personne,
> C'est mon honneur, Agnès, que je vous abandonne.

Puis ce sont les *Maximes du Mariage* ou les *Devoirs
de la femme mariée* avec *son exercice journalier*, qu'Arnolphe fait lire à la jeune Agnès.

Nous n'en rappellerons que deux :

> *Deuxième maxime.*
> Elle ne doit se parer
> Qu'autant que peut désirer
> Le mari qui la possède ;
> C'est lui que touche seul le soin de sa beauté ;
> Et pour rien doit être compté
> Que les autres la trouvent laide.

Et sur les cadeaux, la sixième :

> Il faut des présents des hommes
> Qu'elle se défende bien ;
> Car, dans le siècle où nous sommes,
> On ne donne rien pour rien.

Mais les conseils ont-ils jamais servi à grand'chose ?
Il est curieux seulement de constater quelles étaient les
préoccupations de Molière, au lendemain de son mariage,
et la façon dont il soulageait son cœur trop plein, en
faisant parler Arnolphe dont il comprenait cependant
le ridicule.

La « lune de miel » d'Armande nous semble cependant
avoir été sans nuages. La troupe est demandée à différentes reprises à Saint-Germain, et chaque fois ce sont
des gratifications royales. *L'Ecole des Maris* et *Les Fâcheux* n'ont pas totalement disparu de l'affiche. *L'Ecole
des Femmes*, qui est un gros succès, se joue sans elle
et lui laisse des loisirs. Son mari reçoit 1.000 livres de
pension en qualité de bel esprit « excellent poète
comique, et il lui destine un rôle dans *La Critique
de l'Ecole des Femmes* à côté de ceux tenus par ses
deux étoiles, la De Brie et la Du Parc. Ce double spectacle, l'*Ecole* et la *Critique,* fait fureur. On va donner
ces deux pièces partout « en visite » et le roi
lui-même daigne venir les entendre au théâtre de
Molière. Il est vrai que l'idée de cette *Critique,* faite
par l'auteur lui-même de l'ouvrage critiqué, est une
nouveauté.

Veut-on savoir, à présent, ce qui se passe dans le
ménage d'Armande dix-huit mois après les noces ?
Ouvrons encore les œuvres du maître à cette date.
L'Impromptu de Versailles, où chaque comédien de la

troupe joue sous son nom, va nous faire assister à une petite scène intime entre les deux époux.

La troupe a été demandée à Versailles, et Molière n'a pas eu le temps d'écrire une pièce nouvelle pour le roi. Il ne veut pourtant pas mécontenter le monarque et prend le parti de mettre sous ses yeux une scène vécue de coulisses tout simplement. Et, comme il peste contre toute sa troupe, il reçoit de sa femme ce coup droit :

— Voulez-vous que je vous dise ? Vous devriez faire une comédie où vous auriez joué tout seul.

— Taisez-vous ma femme, vous êtes une bête.

— Grand merci, Monsieur mon mari ! Voilà ce que c'est ! Le mariage change bien les gens, et vous ne m'auriez pas dit cela il y a dix-huit mois.

— Taisez-vous, je vous prie.

— C'est une chose étrange qu'une petite cérémonie soit capable de nous ôter toutes nos belles qualités, et qu'un mari et un galant regardent la même personne avec des yeux si différents.

— Que de discours !

— Ma foi, si je faisais une comédie, je la ferais sur ce sujet. Je justifierais les femmes de bien des choses dont on les accuse et je ferais craindre aux maris la différence qu'il y a de leurs manières brusques aux civilités des galants.

N'est-il pas possible, rien qu'avec cette page, de reconstituer tout un intérieur ? D'un côté, comme on l'a fait remarquer, Molière âgé de plus de quarante ans, fatigué par ses voyages, absorbé par le travail, accablé de soucis divers, souvent indisposé, ayant un théâtre à diriger, ses pièces à écrire, le roi à satisfaire, et, par suite de tout cela, nerveux, brusque, maussade, quoique foncièrement bon ; de l'autre côté, Armande n'ayant d'autre souci que de plaire, d'autre préoccupation que d'être remarquée, ne pouvant comprendre que son mari n'ait pas plus de jeunesse, de douceur, d'attentions délicates.

N'est-ce pas la désillusion qui commence ? Et combien devons-nous admirer la brutale franchise de Molière qui ne craint pas, en présence du roi, de la Cour, de tous les comédiens ses camarades, de mettre sur le théâtre, dans la bouche de sa femme, ce reproche qu'il entend chez lui chaque jour, reproche articulé d'ailleurs par la plupart des femmes mariées au bout de quelque temps de mariage : « Vous n'êtes plus le même ! » L'époux, le maître, a remplacé le soupirant galant et empressé. Eternelle histoire ! La femme demande trop, le mari ne donne pas assez !

Trois mois plus tard, Armande met au monde Louis, dont le parrain et la marraine, à Saint-Germain-l'Auxerrois, seront le Roi et Madame, représentés par le duc de Créqui, et la maréchale de Choiseul du Plessis-Praslin, cinglante réplique à ces calomniateurs acharnés qui n'avaient pas craint, tel le gros Montfleury, de l'Hôtel de Bourgogne, d'insinuer que Molière avait épousé sa propre fille. La réponse royale, en acceptant de tenir sur les fonts baptismaux le premier enfant de Molière et d'Armande, était la plus belle preuve que l'on pût donner de l'estime dans laquelle le jeune ménage était tenu en haut lieu.

CHAPITRE IV

PREMIERS NUAGES MATRIMONIAUX

Un rôle écrit pour Mlle Molière. — Fêtes de Versailles. — *La
Princesse d'Elide.* — Coquetteries imprudentes. — Querelles et jalousies. — Un compagnon trop sérieux. — Le
comte de Guiche et Lauzun. — Naissance d'une fille. —
M. de Modène et Madeleine parrain et marraine.

Cependant Molière est toujours en adoration devant
Armande. Et lorsque le roi lui aura commandé une comédie en vers et en prose en cinq actes « mêlée de danses et
de musique» pour être encadrée dans la deuxième journée
des *Plaisirs de l'Ile enchantée,* dans les jardins de Versailles, il pensera de suite à sa femme en se demandant
quel rôle il pourrait lui destiner.

Cette pièce, ce sera *La Princesse d'Elide,* et la princesse
d'Elide, ce sera Mlle Molière. Comment pourrait-on
douter encore qu'il n'ait pas voulu la mettre sur un
pavois ? Songez-donc ! La Cour de Versailles va traiter
pendant dix jours six cents personnes. Toute la troupe
de Molière est mobilisée. Deux cents flambeaux de
vingt-quatre bougies portés par autant de valets vêtus
en masques éclairent le théâtre de verdure. Des cors,
des trompes de chasse retentissent. Les chanteurs de

la musique du roi se font entendre, et voici la princesse d'Elide — Mlle Molière — qui s'avance avec une jupe de taffetas couleur de citron, garnie de guipure, et un petit corps en broderie or et argent fin, comme nous l'avons appris par l'inventaire dressé après la mort de son mari.

Ces fêtes somptueuses ont été reproduites d'ailleurs par Israël Silvestre, en neuf planches, dont le cabinet des Estampes garde soigneusement les originaux, et c'est ainsi que nous pouvons avoir une idée de ce parterre encadré de charmilles et de bosquets, où il nous est facile, pour une reconstitution, de supposer Mlle Molière — princesse d'Elide — extrêmement décolletée, avec un corsage à manches demi-longues, la coiffure empanachée relevée par une aigrette étincelante, la robe à double jupe, la deuxième traînante, ouverte, soutenue par un page, et tout autour d'elle les hommes portant la salade à plumes, la perruque bouclée, le plastron, la jupe courte, plissée, tandis que cinq lustres à bougies sont suspendus au haut de la scène, sur le devant du théâtre, et que dix éclairent la salle de verdure de droite à gauche.

Le lendemain, en compagnie de Mlle De Brie, et nymphe comme elle, elle viendra réciter des vers à la louange de la reine mère et du roi, puis dansera dans le ballet le *Palais d'Alcine.*

Mais ce que l'on ne dira jamais assez, car l'événement passa à cette date presque inaperçu, c'est que ce fut au cours de ces fêtes que Molière se hasarda à produire devant le roi les trois premiers actes de *Tartuffe*, dont la représentation intégrale en public ne sera autorisée que cinq ans plus tard. Notons, en passant, que ce fut à Mlle Molière que revint l'honneur de créer ce rôle d'Elmire dans cette unique représentation de trois actes devant le roi, comme elle le reprendra plus tard, en public.

Cependant Molière cherchait toujours à présenter sa femme sous un aspect gracieux, aimable, captivant. Ayant son *Don Juan* à composer, il ne pouvait songer à elle pour le rôle dramatique d'Elvire. Elvire, ce sera Mlle Du Parc, à la prestance altière et superbe ; et c'est alors qu'il a l'idée d'écrire pour sa femme, et pour Mlle De Brie, cette scène délicieuse de Don Juan entre les deux paysannes.

Le pamphlétaire, dont il nous faut bien tenir compte, nous laisse entendre que Mlle Molière avait paru avec tant d'éclat dans *La Princesse d'Elide*, que son mari eut tout lieu de se repentir de l'avoir exposée au milieu de la jeunesse si brillante de la Cour.

Est-ce la peine de démontrer ce qu'une telle insinuation est ridicule? Comment! Voici Molière qui écrit une pièce pour être représentée spécialement devant la Cour, et qui met tout en œuvre pour placer sa jeune femme en évidence, et le même Molière regretterait aussitôt cette décision ! Dans quel monde sommes-nous ? Mlle Molière est-elle oui ou non une femme de théâtre ? Molière n'a-t-il pas intérêt, par satisfaction d'amour-propre d'abord, et pour l'honneur de son théâtre, à donner la plus belle part à sa femme ? On pourra nous objecter que le théâtre est le seul domaine où l'on rencontre mari et femme jaloux l'un de l'autre pour des causes où l'amour n'a rien à voir ! Soit. Mais est-ce le cas pour Molière ? Au lendemain de cette *Princesse d'Elide*, ne va-t-il pas écrire pour elle le rôle de Célimène ? Où et comment peut-on voir percer la jalousie en cette affaire ?

Mais il fallait une raison au pamphlétaire pour faire entrer en scène le comte de Guiche et le comte de Lauzun. A l'entendre, c'est Mlle Molière qui devient folle du comte de Guiche, lequel se montre indifférent, et Mlle Molière va se plaindre de cette froideur, chez qui ? Chez la Du Parc. Pourquoi pas chez la portière ?

Que cette jeune femme en vue, adulée de toutes parts, point de mire de la Cour et reine de son théâtre, ait été complimentée, voire même courtisée par tous les blondins de Versailles, de Fontainebleau ou de Saint-Germain, qui le nie ? C'est l'évidence même. Coquette, frivole, elle écoute les hommages, elle accepte même des présents ; mais ces cadeaux, si cadeaux il y a, sont offerts autant à la comédienne qu'à la femme, Armande n'est pas un dragon de vertu, c'est certain. Mais pourquoi vouloir lui prêter des amants qui n'étaient peut-être que des soupirants, et aller jusqu'à dire que l'abbé de Richelieu lui donnait quatre pistoles par jour, sans

les habits et les régals. « L'abbé, écrit le pamphlétaire,
ne manquait pas de lui envoyer tous les matins par un
page le gage de leur traité, et de l'aller voir toutes les
après-dînées. »

A la barbe du mari, alors ?

Nous ne voulons pas justifier Armande en toutes
choses. Nous nous contenterons de dire qu'elle a été salie
à plaisir. D'ailleurs, le pamphlétaire semble s'apercevoir qu'il a dépassé le but, en laissant volontairement le
mari dans la coulisse, et il ne peut manquer de revenir
sur ce sujet :

« La jalousie, dit-il, réveilla dans l'âme de cet époux
outragé la tendresse que l'étude avait assoupie. Il courut
aussitôt faire de grandes plaintes à sa femme, en lui
représentant les soins avec lesquels il l'avait élevée ; la
passion qu'il avait étouffée pour se donner entièrement
à elle; ses manières d'agir, qui avaient été plutôt d'un
amant que d'un mari; et lui marqua le chagrin qu'il avait
de ce que, pour prix de tant de bontés, elle le rendait la
risée de toute la Cour. La Molière, en pleurant, lui fit
une espèce de confiance des sentiments qu'elle avait pour
le comte de Guiche, dont elle lui jura que tout le crime
avait été dans l'intention. Elle le pria de pardonner le
premier égarement d'une jeune personne à qui le manque
d'expérience fait faire ces démarches, en l'assurant que
les bontés qu'il avait pour elle l'empêcheraient de retom-
ber dans de pareilles faiblesses. »

Toutes sortes de noms furent prononcés, tel celui de l'abbé de Richelieu, cité plus haut, qui était en même temps comte de Richelieu, abbé de Marmoutiers, de Saint-Ouen de Rouen, prieur de Saint-Martin-des-Champs, dont le père était ce galant que Tallemant nous représente dans les ruelles avec « quantité de jeunes plumets » ; mais les amours de l'abbé de Richelieu avec Mlle Molière ne sont nullement prouvées, car il n'en est fait mention dans aucun ouvrage contemporain. De plus, l'abbé fit partie de l'expédition de Hongrie dès 1664, et mourut à Venise au début de l'année suivante à son retour en France, à l'âge de 26 ans.

Et sur quoi appuie-t-on de pareils racontars ? Sur un extrait du *Registre* de Lagrange qui nous apprend qu'il paya à la troupe, en *visite* chez lui, une somme de 550 livres, supérieure à la rémunération ordinaire des comédiens, laquelle variait entre 20 et 30 louis d'or, soit 220 à 330 livres. Mais, outre que cette générosité n'avait rien d'extraordinaire, et qu'elle profitait à tous les comédiens qui s'en partageaient les effets, on aurait dû rappeler que cette « visite » était du mardi 6 décembre 1661, à une époque où Molière n'était pas marié ! Et voilà comment on écrit l'histoire !

Que Mlle Molière ait « flirté », comme on dit de nos jours, avec le comte de Guiche, nous n'en disconvenons pas. Disons plutôt que nous n'en savons rien. Mais constatons que la passion du comte pour

Mlle Molière, avec réciprocité, ne nous est connue que par un libelle.

Il serait nécessaire aussi de faire concorder les dates. A quel moment cette intrigue ? Pendant les tout premiers mois de son mariage alors ? C'est bien invraisemblable. Car n'oublions pas que le comte de Guiche avait été exilé pour des raisons politiques, qu'il était parti pour guerroyer en Pologne vers la fin de 1663, qu'il y resta deux ans, et qu'il ne pouvait être à cette époque aux fêtes de la Cour.

Quant à Lauzun, l'on a déjà fait remarquer que sa présence à Versailles est d'autant plus douteuse, qu'un personnage de son rang ne pouvait manquer de prendre part aux jeux dans lesquels figuraient tous les gentilshommes dont les noms nous ont été conservés, et le sien reste dans l'ombre.

Bref, toutes ces nouvelles scandaleuses, lancées dans le but de rendre Molière ridicule, ne reposent encore sur aucune certitude, et nous nous contenterons de faire cette remarque : parmi les ennemis les plus acharnés de Molière nous en trouvons au moins deux qui reculent devant une accusation complète, faute de preuves sans doute, et préfèrent nous représenter Molière comme jaloux — terriblement jaloux, admettons-le — et non comme trompé.

C'est d'abord De Villiers, dans ses *Dernières Nouvelles* écrites un an après le mariage de Molière : « Si vous voulez savoir pourquoi, nous dit-il, presque dans toutes ses pièces, il raille tous les cocus et dépeint si naturellement les jaloux, c'est qu'il est du nombre de ces derniers... Il voudrait faire en sorte, par le moyen de ses pièces, que tous les hommes puissent devenir jaloux et témoigner leur jalousie sans être blâmés, afin de pouvoir faire comme les autres et de témoigner la sienne, sans crainte d'être raillé. »

Et quel était ce De Villiers ? Un comédien de l'Hôtel de Bourgogne, c'est-à-dire un des adversaires les plus acharnés de la troupe rivale.

On nous objectera que ceci fut écrit un an après le mariage de Mlle Molière et que depuis...

Mais voici un autre témoignage qui n'émane pas moins d'un ennemi indiscuté : Le Boulanger de Chalussay, qui publiait en 1670 — c'est-à-dire huit ans après le mariage de Molière — *Elomire hypocondre* (anagramme du nom de Molière), pièce dans laquelle il ne se montre pas précisément tendre pour l'auteur-comédien :

Elomire (Molière).
J'aurais des cornes moi ? Moi, je serais cocu ?

Bary.
On ne dit pas qu'encor vous le soyez *actu,*
Mais, étant marié, c'est chose très certaine
Que vous l'êtes du moins en puissance prochaine.

En attendant, le ménage va mal. Mais il faut en chercher les causes autre part que dans les seules galanteries plus ou moins bien accueillies par cette jeune coquette qui se complait au milieu d'un cercle d'adorateurs.

Molière est pour Armande un compagnon trop sérieux, trop occupé, trop âgé, de goûts trop différents des siens, et le pauvre grand homme n'a pas rencontré en elle la femme qui lui eût convenu. Au lieu de trouver au foyer quelque calme, quelque consolation, après ses tracas du théâtre, ses déboires, ses découragements, les méchancetés de ses rivaux, les jalousies confraternelles, il n'a même pas une compagne qui s'intéresse à ses travaux.

Cet homme d'apparence morose, parce que sans cesse préoccupé, sent pourtant en lui une soif inextinguible d'affection et de sympathie. Mais il n'est ni compris, ni soutenu dans sa maison, et, la journée finie, la toile tombée, la dernière chandelle éteinte, la coquette n'aura ni un baiser, ni une bonne parole pour ce comédien de génie qui s'épuise à composer et à jouer, à travers mille obstacles, des chefs-d'œuvre parfois méconnus. *L'Avare* fut retiré de l'affiche après neuf représentations consécutives !

Et cependant, malgré ces heurts, les époux ne sont pas séparés. Neuf mois après la mort du petit Louis, leur premier enfant, Armande met au monde une fille, Esprit, Magdeleine, et le baptême de cette enfant à Saint-Eustache, le 4 août 1665, nous fait faire de singulières réflexions.

Qui se souvient de M. de Modène, le protecteur de

Madeleine, le conspirateur de Sedan et de Naples ?
Or, le voici revenu à Paris, et, pénétrant dans cette maison
du coin de la rue Saint-Thomas-du-Louvre, il y retrouve
Madeleine, âgée de quarante-six ans ; il revoit cette rue
Saint-Honoré, où, vingt-six ans auparavant, était née l'enfant dont il l'avait rendue mère. Nous savons même qu'il
continuait à subsister péniblement, et que le lendemain
du jour où Molière faisait enterrer son premier enfant, il
souscrivait une obligation de trois mille livres au profit d'un sieur de Tarny qui, plus tard, fut désintéressé
par Madeleine Béjart. De là à supposer qu'il habitait
aussi cette maison « du Singe » il n'y a qu'un pas. Il
s'occupait alors de faire imprimer un livre de lui : « *Les
Révolutions de la ville et du royaume de Naples.* »

Mais voici un fait plus qu'étrange : Molière fait baptiser sa fille à Saint-Eustache, et celle-ci, dénommée
Esprit-Magdeleine, est tenue sur les fonts baptismaux
par *Esprit de Rémond, marquis de Modène,* et *Madeleine
Béjart en personne.*

L'importance morale de cet acte n'échappera à personne, car il remet en cause les origines énigmatiques d'Armande. Comment Molière a-t-il pu consentir à prendre
pour parrain de sa fille l'ancien amant de Madeleine ?

« Ce singulier compérage, a dit un historien qui s'est
beaucoup occupé de M. de Modène, Henri Chardon, ne
peut s'expliquer facilement que par ceux qui voient
en M. de Modène et en Madeleine le père et la mère

d'Armande. » Alors tout est clair, tout est naturel. M. de Modène, qui était absent de Paris lors de la naissance du premier enfant d'Armande, est appelé à tenir le second avec Madeleine. Le grand-père et la grand'mère sont parrain et marraine, comme cela se passe dans toutes les familles. La présence de M. de Modène, loin d'être anormale, est comme une reconnaissance de sa paternité à l'égard de la fille de Madeleine ; elle couvre Molière — qui n'en a pas besoin — contre les calomnies de Montfleury ou des autres ; et, tout en laissant Armande entachée de la tache originelle, elle lui fournit la preuve implicite et morale qu'elle n'est pas une enfant de la balle, qu'elle a pour père un gentilhomme, un ancien chambellan de Gaston et du duc de Guise.

Si, au contraire, Armande est bien la fille de Marie Hervé, ainsi que le déclarent les actes qui la concernent, ce baptême devient énigmatique, comme tout ce qui concerne la naissance de Mlle Molière dont la mère, Marie Hervé, aurait eu, à cette époque, cinquante-trois ans.

Mlle Molière, à peine remise de ses secondes couches, fut-elle la Lucinde de *L'Amour médecin* ? Nul ne saurait le dire ; mais n'oublions pas, et cela seul nous fera lui pardonner tous ses défauts, que c'est à elle que nous sommes redevables d'un immortel chef-d'œuvre, car qui sait si, sans elle, nous eussions jamais eu Célimène? Qui sait encore si, sans Célimène, Molière nous eût tracé le portrait d'Alceste ?

CHAPITRE V

CÉLIMÈNE

Le rôle de Célimène, c'est l'apothéose de Mlle Molière. Oui, son apothéose avec toutes ses fantaisies et ses caprices en auréole. Et sans tout ce cortège, vous n'eussiez pas eu Célimène.

Mais quelle erreur de dire : Alceste, c'est Molière, et Célimène c'est Mlle Molière ! Il ne s'agit pas de deux autobiographies. Alceste, c'est Alceste, et Célimène, Célimène. Mais quand Alceste parle à Célimène avec cette souffrance profonde, quand elle lui répond avec toute sa rouerie, pouvons-nous oublier la vie commune de ces deux interprètes hors du théâtre ? Et nous devons nous rappeler ce passage de la préface de Lagrange (première édition complète des œuvres de Molière), dans lequel il nous fait connaître que son maître s'est souvent « joué lui-même dans ses pièces, en plusieurs endroits, sur les affaires de sa famille et qui regardait ce qui se passait dans son domestique, ce que ses plus particuliers amis ont remarqué bien des fois ».

Lagrange, l'homme de confiance de Molière, fut celui qui connut le mieux ses pensées. Armande, en jouant le rôle de Célimène, ne fait, après tout, que remplir un rôle écrit pour elle, et d'après elle ; sa grâce, sa coquetterie, son esprit médisant, l'amour qu'elle inspirait à Molière, la jalousie et la confiance de ce dernier, le poète n'a rien oublié. Il s'est mis en scène avec toutes ses faiblesses, et la seule vengeance qu'il ait tiré de celles de sa femme a été de les peindre et presque de les rendre aimables. Et voilà pourquoi, plus on connaîtra la vie de Molière et celle de sa femme, plus on prendra d'intérêt à ses chefs-d'œuvre. N'est-ce pas à une scène intime que nous allons assister ?

(Acte II, scène première).

Alceste.

Je ne querelle point. Mais votre humeur, Madame,
Ouvre au premier venu trop d'accès dans votre âme ;
Vous avez trop d'amants qu'on vous voit obséder,
Et mon cœur de cela ne peut s'accommoder.

Célimène.

Des amants que je fais me rendez-vous coupable ?
Puis-je empêcher les gens de me trouver aimable ?
Et lorsque pour me voir ils font de doux efforts,
Dois-je prendre un bâton pour les mettre dehors ?

Et plus loin (Acte II, scène 3) :

Alceste.

Quoi ? l'on ne peut jamais vous parler tête à tête ?
A recevoir le monde vous êtes toujours prête ;
Et vous ne pouvez pas, un seul moment de tous,
Vous résoudre à souffrir de n'être pas chez vous ?

Que de rudesse dans ces reproches, où perce cependant la tendresse ? Que de bonne foi et presque de candeur, quel charme dans les réponses de l'autre, malgré une perfidie inconsciente ou calculée ! Qui donc voulait nous représenter Molière marié comme un naïf ? Il a tout compris, et tout dépeint, et de quelle façon !

Les rieurs sont pour vous, Madame, c'est tout dire ;
Et vous pouvez pousser contre moi la satire...
. . . .
Efforcez-vous ici de paraître fidèle,
Et je m'efforcerai, moi, de vous croire telle.
. . . .
Ah ! traîtresse ! mon faible est étrange pour vous ;
Vous me trompez, sans doute, avec des mots si doux ;
Mais il n'importe, il faut suivre sa destinée ;
A votre foi mon âme est tout abandonnée.

Comme nous l'avons remarqué à propos de *L'Ecole des Femmes*, il y a toujours deux hommes en Molière, et ces deux hommes se tiennent tête et discutent.

C'est l'éternelle lutte entre la raison et la passion, qui faisait dire à Henry Bataille que tout le théâtre se résume à la confrontation de vérités intérieures de l'âme avec les vérités extérieures.

Dans *Le Misanthrope*, Philinte, son ami, ne lui a-t-il pas dit :

> Et ce qui me surprend encore davantage
> C'est cet étrange choix où votre cœur s'engage.
> La sincère Eliante a du penchant pour vous...

N'oublions pas que le rôle de la « sincère Eliante » avait été écrit pour Mlle De Brie, et qu'Eliante, par son amitié, cherchait à consoler Alceste de la coquetterie de Célimène. La vie, toujours la vie, alors ? Et cependant nous sommes à la comédie.

On s'accorde assez à nous dire que ce fut à partir de cette époque que les crises matrimoniales atteignirent leur apogée, et l'on se représente avec tristesse cet homme s'usant par cette lutte constante en lui-même. Après Alceste à la scène, Alceste à la ville ! Toujours Alceste ! Et c'est encore la passion qui l'emporte ! Plaignons du reste ceux qui n'ont jamais eu que la raison pour guide. Ils n'ont pas souffert, c'est vrai, mais ils n'ont jamais su ce que c'était qu'aimer.

Le pamphlétaire à qui nous sommes bien forcés de revenir, et que nous écoutons assez volontiers quand il ne vilipende pas de parti pris une femme pour ridiculiser un mari, nous a laissé l'écho d'une conversation de Molière avec son ami Chapelle qui l'avait interrogé au sujet de son chagrin.

« Certes, il y avait quelque honte à « débonder son cœur », comme dit Pierrot dans *Don Juan*, Mais n'est-ce pas la consolation de ceux qui souffrent que de se soulager dans le sein d'un ami ? » La scène se passe dans le jardin de la petite maison d'Auteuil où Molière s'est retiré, autant pour fuir son enfer de la rue Saint-Thomas-du-Louvre, que pour s'y soigner et travailler en paix.

On devine le discours de Chapelle : comment un homme qui sait si bien peindre les faibles des autres peut-il tomber dans celui qu'il blâme tous les jours ? Le plus ridicule de tous n'est-il pas d'aimer une personne qui ne répond pas à la tendresse que l'on a pour elle ? Molière après avoir écouté son ami avec assez de tranquillité, lui demande s'il a jamais été amoureux ?

« Oui, oui, lui répond alors Chapelle; je l'ai été comme un homme de bon sens le doit être ; mais je ne me serais jamais fait une si grande peine pour une chose que mon honneur m'aurait conseillé de faire, et je rougis pour vous de vous trouver si incertain.

« Je vois bien que vous n'avez encore rien aimé, lui répondit Molière, et vous avez pris la figure de l'amour pour l'amour même. Je ne vous rapporterai point une infinité d'exemples qui vous feraient connaître la puissance de cette passion; je vous ferai seulement un fidèle

VILLA MOLIERE

récit de mon embarras, pour vous faire comprendre combien on est peu maître de soi-même quand l'amour a pris sur nous un certain ascendant que le tempérament lui donne. »

Puis le pauvre homme explique à son ami comment il a pris la résolution de vivre avec sa femme « comme un honnête homme qui a une femme coquette ». Cependant ses bontés ne l'ont point changée, et le triste amoureux méconnu, incompris, en arrive à ce cri d'une âme déchirée : « Si vous saviez ce que je souffre, vous auriez pitié de moi ! ».

A rapprocher de cette conversation, vraie ou supposée, cette confidence de Molière à un ami, rapportée par Grimarest :

« Ah ! malgré toutes les précautions dont un homme est capable, je n'ai pas laissé, voyez-vous, de tomber dans le désordre où tous ceux qui se marient sans réflexion sont accoutumés de tomber. »

Et comme son interlocuteur veut protester :

« Oui, mon cher, je suis le plus malheureux des hommes. Je n'ai que ce que je mérite. Je n'ai pas pensé que j'étais trop austère pour une société domestique. J'ai cru que ma femme devait assujettir ses manières à ma vertu et à mes intentions, et je sens bien que dans la situation où elle est, elle eût été encore plus malheureuse que je ne le suis si elle l'avait fait. Elle a de l'enjouement, de l'esprit ; elle est sensible au plaisir de se faire valoir, et tout cela m'ombrage malgré moi, j'y trouve à redire, je m'en plains. Cette femme, cent fois plus raisonnable que je ne le suis, veut jouir agréablement de la vie, elle va son chemin, et, assurée par son innocence, elle dédaigne de s'assujettir aux précautions que je lui demande. Elle est occupée seulement du désir de plaire, en général, comme toutes les femmes, et sans avoir de dessein particulier. »

La rupture entre Armande et Molière, quoi qu'on dise, ne fut jamais rendue publique, et les habitués du théâtre du Palais-Royal qui assistaient à leurs représentations ne pouvaient guère se douter qu'en cette grande maison de la rue Saint-Honoré, qui abritait tant de comédiens et de couples, le directeur et sa femme allaient vivre comme des étrangers l'un à l'autre.

En vain Madeleine, la seule femme de tête gardant son sang-froid, cherche-t-elle à raccommoder le ménage. Molière est revenu vers Mlle De Brie, une douce, une intelligente, une dévouée, celle-là, qui alors ne fut peut-être, au lieu de la maîtresse d'autrefois, qu'une amie. Les esprits trop positifs ou trop ombrageux, a dit un critique des plus avertis, Henri de Lapommeraye, souriront ou s'irriteront d'une telle supposition ; et cependant le constant amour de Molière pour sa femme, aussi bien que le caractère de la De Brie, permettent cette innocente illusion.

Mlle De Brie fut l'amie — qu'on l'entende comme on

le voudra — fut l'amie bonne et généreuse, oubliant le passé pour adoucir les amertumes du présent, consentant à panser les blessures que les autres ont faites, oubliant elle-même les siennes, chérissant encore celui qu'elle a aimé, alors non plus pour elle, mais vraiment pour lui.

Le nom de Mlle De Brie, l'amie fidèle dans les mauvais jours, doit vivre dans le cœur de tous ceux qui savent ce que Molière lui dut d'adoucissements, de consolations, et n'est-ce pas J. Janin qui a dit avec raison que celui qui veut faire un portrait complet de Molière doit le représenter entre ses deux amies : Mlle De Brie et sa servante Laforest ?

Suivons Mlle Molière au théâtre au lendemain de son triomphe dans *Le Misanthrope*. Qu'il y ait brouille ou non, qui donc peut s'en apercevoir dans la salle ? Son mari, avec un amour infini, lui forgera les plus beaux rôles. Ne parlons que pour mémoire de cette petite dinde de Lucinde dans *Le Médecin malgré lui* où elle paraît avec une jupe de satin couleur de feu, avec trois guipures et trois volants, et le corps de toile d'argent et soie verte. Mais elle est de tous les ballets et comédies-ballets à la Cour, à Saint-Germain ; elle est Zaïde dans *Le Sicilien ou l'Amour peintre* ; Alcmène d'*Amphytrion* aa théâtre du Palais-Royal et aux Tuileries devant le roi.

C'est l'époque où Molière, déçu par les remises continuelles de son *Tartuffe*, brisé dans sa vie privée, malade, en est réduit au régime du lait.

Il ne faudrait cependant pas croire que Mlle Molière
se limitait à jouer dans les seules pièces de son mari.
Lorsque le vieux Pierre Corneille, piqué de la préférence
que ses comédiens ordinaires de l'hôtel de Bourgogne
donnaient à son jeune confrère Racine, porta son *Attila*
au théâtre de Molière, nous la voyons faire partie de la
distribution. Elle ne dédaigne pas de tenir le rôle d'une
simple confidente, et le gazetier Robinet qui la désigne
en note nous apprend que :

> Et mesmes une confidente
> N'y paroit pas la moins charmante.

C'est que, dans ces troupes du XVIIe siècle, composées
d'une douzaine de personnes — et c'était le cas pour celle
de Molière — chaque comédien devait se rendre utile,
et tenir tour à tour les premiers emplois et les petits
rôles. Il est certain qu'il en était ainsi pour toutes les
autres pièces du répertoire.

Dans *L'Avare*, elle sera Elise, à côté de Mlle De
Brie-(Marianne), et de Madeleine Béjart-(Frosine), et
quand le *Tartuffe* sera enfin autorisé en public, elle
reprendra avec tout son éclat son rôle d'Elmire qu'elle
n'avait pu jouer en entier jusqu'alors qu'un seul jour, la
pièce ayant été interdite le lendemain, ou chez le Prince
de Condé.

Si nous doutions encore qu'elle eût créé ce rôle, il nous

suffirait de citer les vers du gazetier Robinet qui, après avoir loué Molière dans le rôle d'Orgon, s'empresse d'ajouter :

> Mais pas moins encor je n'admire
> Son épouse la jeune Elmire.

Au château de Chambord, parmi quinze comédies, elle joue d'original le rôle de Julie dans *Monsieur de Pourceaugnac*, et nous ne pouvons croire qu'elle n'ait pas figuré au vieux château de Saint-Germain dans *Les Amans Magnifiques*, cette comédie mêlée de musique et d'entrées de ballet, dont Louis XIV lui-même avait indiqué le sujet. Toute la troupe de Molière donna au grand complet, et les machines, décorations et autres frais ne s'élevèrent pas à moins de 59.892 livres 2 sols, dont 16.800 seulement pour les costumes, masques, accessoires, armes, bas de soie, gants, rubans, plumes, éventails, etc...

Les comédiennes, outre leurs gratifications, emportent toujours quelques souvenirs de ces représentations à la Cour, et c'est ainsi qu'après la première du *Sicilien*, Mlle Molière et Mlle De Brie avaient reçu du roi de riches mantes.

Au château de Chambord, le 14 octobre 1670, c'est encore la première du *Bourgeois Gentilhomme* (rôle de Lucile), dans lequel Molière nous a laissé d'elle un si ravissant portrait, et le mois suivant c'est *Bérénice* (rôle de Bérénice), dans la comédie héroïque de P. Corneille, *Tite et Bérénice*, que celui-ci avait composée sur l'invitation de la charmante Henriette d'Angleterre :

> Mademoiselle de Molière
> Des mieux soutient le caractère
> De cette Reine dont le cœur
> Témoigne un amour plein d'honneur.

Les deux autres rôles de femmes étaient tenus par Mlle Beauval et Mlle De Brie.

CHAPITRE VI

PSYCHÉ

Nous arrivons à parler de *Psyché*, pièce à laquelle Mlle Molière devait attacher son nom.

On connaît l'histoire de cette tragédie-comédie-ballet donnée d'abord dans la grande salle des Machines aux Tuileries, le 17 janvier 1671, puis au théâtre du Palais-Royal le 24 juillet suivant.

Le roi a voulu inaugurer la vaste salle construite par Vigarani entre le jardin des Tuileries et les écuries royales. C'est un édifice enclavé dans le château, d'une longueur totale de 80 mètres environ. La seule scène et ses dépendances mesure plus de 43 mètres de profondeur. Trente lustres éclairent la salle où tout est dorures. Il faut dans un tel milieu de la pompe, des décorations, des changements, des chants, des danses, un luxe inouï de mise en scène.

Le roi est pressé. On ne peut remettre cette inauguration après le Carnaval. Une collaboration s'impose : Molière dressera le plan de la pièce ; Quinault écrira les paroles chantées ; P. Corneille complètera le second acte et les suivants. Mais au milieu de tant de précipitation, Molière songera surtout à donner le plus beau rôle à sa femme, tandis que Mlle De Brie personnifiera Vénus.

Dans *Psyché*, Mlle Molière apparaît dans toute la pompe d'un spectacle qui passait alors pour merveilleux. Le Roi, la Reine, le Dauphin, Monsieur, Mademoiselle, Mademoiselle d'Orléans, toute la Cour viennent admirer les nouvelles « machines » comme on disait alors, Vénus sur son char, Jupiter sur un autre, et l'Amour emportant Psyché sur un nuage. Jeu dangereux, rapporte la chronique, car cet Amour, c'était Baron, dont nous parlerons plus loin.

Les costumes revêtus par Mlle Molière pour ces représentations de *Psyché* aux Tuileries, puis au théâtre du Palais-Royal, nous sont connus : « Jupe de toile d'or garnie de trois dentelles d'argent, avec un corps en broderie et garnie d'un tonnelet et manches d'or et d'argent fin.

« Une autre jupe de toile d'argent, dont le devant garni de plusieurs dentelles d'argent fin, avec une mante de crêpe garnie de pareille dentelle.

« Une autre jupe de moire vert et argent, garnie de dentelle fausse, avec le corps en broderie, le tonnelet et les manches garnis d'or et d'argent fin.

« Une autre jupe de taffetas d'Angleterre bleu, garnie de quatre dentelles d'argent fin », le tout prisé ensemble à l'inventaire établi après la mort de Molière à 250 livres.

« Un petit habit d'enfant pour la même pièce (*Psyché*) consistant en une jupe de couleur rose et un corps de taffetas vert garni de dentelle fausse », prisé six livres.

Revenons à Baron, dont l'histoire a été souvent racontée.

Michel Boyron, dit Baron, fils de comédiens, était né à Paris le 8 octobre 1653. Sa mère avait été une des plus belles femmes de Paris. Orphelin de très bonne heure, ses tuteurs s'en étaient débarrassés en le faisant entrer dans la troupe d'enfants de Monsieur le Dauphin, que dirigeait la Raisin.

C'est là que Molière avait découvert le jeune Baron qui n'avait guère que treize ans, et passait alors pour un petit prodige. Son talent précoce l'intéressa ; il le prit chez lui, s'appliquant à l'instruire, à le former « dans les mœurs comme dans sa profession », ainsi que Baron le raconta plus tard à Grimarest qui en parla longuement dans sa *Vie de Molière*.

Cependant Mlle Molière avait vu d'un très mauvais œil les bontés que son mari témoignait à cet enfant qui, lui, se souciait fort peu de plaire à la femme de son maître. Un jour pour un motif futile, elle se laissa même aller à lui donner un soufflet. Le jeune Baron, froissé dans son amour-propre, quitta la maison et retourna chez la Raisin.

Molière s'était difficilement consolé de ce départ. Aussi trois ans plus tard, ayant appris que son élève remportait des succès en province, il le faisait mander à Dijon par lettre de cachet, selon l'usage d'alors, avec ordre de début à son théâtre, à une part entière, le cautionnant même au sujet d'une vente de costumes vis-à-vis de Monchaingre, chef de la troupe que Baron quittait.

Les choses en étaient donc à ce point quand Molière lui confia le rôle de l'Amour dans *Psyché*. Baron a seize ans. Mlle Molière, qui joue Psyché, en a de vingt-huit à trente-deux. Revenons au libelle. C'est à seize ans que ce jeune homme aurait fait à sa partenaire des compliments dans le style d'un homme de trente ans, et c'est de ses nombreuses maîtresses dont Mlle Molière aurait parlé ! Bien plus, Molière se serait aperçu de leur commerce, et, sans colère, lui aurait rendu toute son affection en apprenant la fin d'une telle liaison ! L'écart d'âge n'est pas une raison suffisante pour empêcher un caprice. Mais nous attendons encore la découverte d'une chanson, d'une lettre, ou de mémoires contemporains où l'on fasse allusion à cette calomnie.

« Les louanges communes qu'on leur donnait, dit le pamphlétaire, les obligèrent à s'examiner avec plus d'attention, et même avec quelque sorte de plaisir ». Mais il ajoute presque aussitôt : « Cette politique ne leur réussit pas, et ils s'aperçurent bientôt que deux personnes du même métier peuvent difficilement s'accorder ensemble.

Ils se dirent plusieurs choses outrageantes et extravagantes, et cependant ne laissèrent pas de se raccommoder. Ce fut pour peu de temps, car la jalousie que le mérite inspire fait des ennemis irréconciliables ; de sorte que leur antipathie devint plus grande qu'auparavant ». Cette dernière supposition pourrait seule être vraie, car à la mort de Molière, au moment où il aurait pu rendre de grands services à Mlle Molière et à la troupe, il fut le premier à les quitter.

Dans *Les Fourberies de Scapin,* où il n'y a guère de rôles de femmes, à part celui de la rieuse Zerbinette, Mlle Molière est encore toute charmante sous les traits d'Hyacinthe ; et au théâtre de la Cour à Saint-Germain, elle représente deux bergers (en homme et en femme) dans la *Pastorale* qui fait suite à *La Comtesse d'Escarbagnas* (de la distribution de laquelle elle ne fait pas partie). Mais avant de tenir le rôle d'Henriette dans *Les Femmes savantes,* des événements graves se sont passés dans sa maison.

Nous avons parlé de la désunion survenue entre les deux époux : Molière se retirant dans sa maison d'Auteuil où il avait conduit sa fille ; Madeleine, désolée de ce mauvais ménage, attristée, malade, ne reparaissant plus au théâtre, et réconciliant enfin les époux, sublime jusqu'au bout, qu'elle soit maîtresse, animatrice, mère ou sœur !

Le vieux galantin qu'est M. de Modène s'est éloigné.

A plus de quarante-huit ans il n'y avait plus d'espérance pour Madeleine de devenir sa femme. N'était-il pas veuf depuis quinze ans ? Non, M. de Modène s'est remarié avec une petite cabotine de l'ex-troupe de son ancienne maîtresse, avec Madeleine de l'Hermite qui y avait tenu les rôles de comparse, alors que Madeleine y représentait les reines de théâtre. Ce qui ne l'empêchera pas — pauvre Madeleine ! — après ce second mariage, de continuer à rendre à l'ancien ami les services qui lui étaient le plus sensibles, c'est-à-dire des services d'argent.

Madeleine aura donc eu comme suprême satisfaction de voir Molière pardonner, et Armande revenue dans ses bras, réconciliation scellée par la naissance d'un troisième enfant, Pierre J.-B. Armand, survenue quelques mois après sa mort à elle, et qui ne survécut pas.

Puis, elle s'est éteinte doucement dans sa maison vis-à-vis le Palais-Royal, voulant être enterrée à Saint-Paul, près des siens, sous les charniers. Triste condition des gens de théâtre : « Le 17 février de la présente année (1671), note Lagrange dans son *Registre*, Mme Béjart est morte pendant que la troupe était à Saint-Germain pour le ballet du Roy, où on joua *La Comtesse d'Escarbagnas* ». Molière, revenu en hâte, signa cependant l'acte d'inhumation avec Béjart cadet, dit l'Eguisé.

Le 12 du mois suivant, Mlle Molière recevait de son mari procuration pour assister à la levée des scellés qui précéda l'inventaire. Etrange coïncidence ! Un an après, jour du bout de l'an de **Madeleine**, Molière mourait.

Englobée dans la gloire de Molière, qui l'effaça, Madeleine Béjart n'a peut-être pas dans l'histoire du théâtre la place qu'elle mérite. Il est certain que sa prodigieuse entente des affaires évita plus d'une fois bien des déboires au poète, dès le début de sa carrière. Elle fut le bon génie qui présida à l'éclosion de son œuvre.

Femme d'esprit, blessée dans son amour, elle sut plus tard faire taire ses rancunes et s'incliner devant le fait accompli. Bien peu de ses historiens ont su lui tenir compte de cette résignation surhumaine. Elle partait, emportant avec elle dans la tombe le secret de la naissance de celle qui fut Mlle Molière, qu'elle institua *sa légataire universelle*, troublant problème !

Si nous voulons connaître la femme de tête qu'elle fut toute sa vie, relisons ses dernières instructions ; elle veut racheter ses fautes par d'abondantes aumônes, et recommande son âme à Dieu. Elle lègue à son frère Louis la moitié d'un terrain situé faubourg Saint-Antoine ; elle lui laisse ensuite, ainsi qu'à Geneviève et à Armande, quatre cents livres de rentes viagères. Nous avons vu qu'elle instituait cette dernière sa légataire universelle ; Pierre Mignard, peintre du Roi, est chargé par elle de recueillir ses deniers comptants ; Charles Cardé, trésorier de la Chancellerie, est nommé son exécuteur testamentaire.

Outre les propriétés, elle laisse des bijoux, de l'argen-
terie, des costumes de théâtre et 17.809 livres d'argent
comptant, qui représentent bien 200.000 francs de notre
monnaie d'après-guerre.

Molière est résolu, avec sa femme, à quitter cette maison de la rue Saint-Thomas-du-Louvre où vient de mourir
Madeleine. Il signe le 26 juillet un bail pour six années
à partir de la Saint-Rémy (1er octobre) pour occuper la
presque totalité d'une maison bâtie par les époux Baudelet, rue Richelieu, moyennant treize cents livres par
an, plus la moitié de la taxe des boues, des lanternes, des
pauvres, et autres charges de ville ou de police ordinaires.

Cette maison est celle qui porte actuellement le n° 42,
presque en face de la fontaine Molière qui perpétue ce
souvenir.

Les lieux loués à M. et Mme Molière sont ainsi décrits :
« Trois petites caves ou deux grandes au choix des pre-
neurs, une cuisine, une écurie dans laquelle ledit bailleur
pourra mettre un cheval quand il en aura ; les premier et
second étages, quatre entresols au-dessous, la moitié
du grenier qui est au-dessus du troisième étage et une
remise de carrosse, communauté de la cour, puits et
aisances.

Nous savons en outre que la cour, avec son mur à
hauteur d'appui, formait une terrasse d'où l'on jouissait
des ombrages et de l'air pur du jardin royal où Molière

pouvait accéder à sa guise par un passage dont il aait la clé. Il faut se rappeler que les galeries du Palais-Royal n'ont été construites qu'un siècle plus tard, que cet espace était tout en jardins, et que le ménage Molière n'avait qu'une douzaine de degrés à descendre pour goûter le charme de la promenade, et qu'une centaine de pas à faire sous les quinconces pour se rendre à son théâtre, sans passer par la rue Saint-Honoré ni faire le tour du Palais.

Nous parlerons plus loin de l'appartement réservé plus particulièrement à Mlle Molière.

Nous avons dit que le bail commençait à la Saint-Rémy (1er octobre), et l'on pourrait croire que le ménage entra à cette date dans cette maison fatale. On oublie que Mlle Molière venait d'accoucher le 15 septembre précédent — incontestablement rue Saint-Thomas-du-Louvre — de son troisième enfant, Pierre-Jean-Baptiste-Armand ; la quittance du 6 octobre porte encore l'ancienne adresse, mais leur venue rue Richelieu débute pas un événement fatal. Le jeune Pierre mourait le 11, âgé de vingt-sept jours, et son inhumation, qui eut lieu le lendemain 12, à Saint-Eustache, paroisse dont relevait ce côté droit de la rue Richelieu, nous prouve que l'installation y était faite. Les époux réconciliés ne devaient y rester que cinq mois !

CHAPITRE VII

LA VEUVE

Le Malade Imaginaire. — Mort de Molière. — Derniers moments.
— Opposition du clergé aux funérailles. — Requête de la
veuve. — Armande distribue des aumônes. — Le cimetière
Saint-Joseph. — Inventaire rue Richelieu. — Appartement
de Mlle Molière. — Sa chambre, salle de réception.

L'hiver a été dur ; Molière est très souffrant. Les pré-
paratifs du *Malade Imaginaire* avec musique de Charpentier, ballets de Beauchamps, habits de Baraillon, l'ont
épuisé. Et cependant il ne refuse aucun service, et le
voici encore, six jours avant sa mort, parrain d'un enfant
avec Mlle Beauval à Saint-Sauveur.

Le jour du bout de l'an de Madeleine Béjart, qui coïn-
cide avec la quatrième représentation du *Malade,* on
avertit les danseurs de se tenir prêts de bonne heure,
car Molière craint que ses forces le trahissent. Sa femme
joue le rôle d'Angélique à ses côtés. Les détails de cette
soirée — on dut commencer la représentation vers quatre
heures et la terminer vers huit heures — ont été maintes
fois racontés. Il achève son rôle avec peine, et lorsque
pris d'une convulsion pendant la *Cérémonie* qui clôture
la pièce, on l'entraîne hors de scène, Baron se charge

Seconde Journée
Theatre fait dans la mesme allée, dans lequel la Comedie, et le Ballet
de la Princesse d'Elide furent representez.

de l'accompagner chez lui où l'on arrive vers neuf heures.

Le drame intime qui se passa alors rue Richelieu nous est connu par la requête que la veuve adressa deux jours après à l'archevêque de Paris. Ayant conscience de son état, Molière demanda un prêtre à plusieurs reprises. Valet, servante, sont envoyés à tour de rôle à Saint-Eustache, paroisse dont dépendait ce côté droit de la rue Richelieu. Ils s'adressent à deux desservants, MM. Lenfant et Lechat, qui refusent absolument de se déranger, soit qu'ils ne veuillent pas reconnaître dans le moribond un habitué de leur paroisse — Molière ayant toujours appartenu à la paroisse de Saint-Germain-l'Auxérrois, où il avait fait ses pâques l'année précédente, alors qu'il demeurait rue Saint-Thomas-du-Louvre — soit qu'ils sachent qu'il s'agit du comédien, auteur de *Tartuffe.*

Servante, valet, reviennent apporter ces tristes nouvelles. Jean Aubry, mari de Geneviève Béjart, prend alors sur lui de faire personnellement cette démarche. Il laisse l'agonisant aux soins de Baron, de deux religieuses, « hirondelles de carême » qui logeaient dans la maison, d'André Boudet et d'un gentilhomme voisin, M. Couton. Molière demande sa femme, et Baron s'empresse d'aller la chercher. Peut-être était-elle encore au théâtre ou ne se pressait-elle pas de monter, ne soupçonnant pas l'état de gravité où se trouvait son mari.

Jean Aubry, plus heureux que les serviteurs, oblige

— 65 —

le prêtre Paysant à se lever, et à l'accompagner rue Richelieu. Mais toutes ces allées et venues ont pris du temps,
et lorsque Jean Aubry, le prêtre et Mlle Molière arrivent
dans la chambre du malade, celui-ci vient d'expirer,
sur les dix heures environ, entre les bras de M. Couton.

Aux yeux de l'Eglise, qui sut fermer les yeux dans bien
d'autres circonstances, le cas est grave : le défunt **a**
rendu l'âme sans avoir reçu le sacrement de la confession
« dans un temps où il venait de jouer la comédie ». **Le**
curé de Saint-Eustache lui refuse toute sépulture.

Celui-ci n'a pas la même excuse que ses vicaires qui
prétendaient ne pas connaître ce paroissien. Il sait fort
bien de qui il s'agit. Et cependant, à chaque instant les
comédiens sont enterrés dans les églises mêmes. Celle de
Saint-Sauveur, paroisse des comédiens de l'Hôtel de
Bourgogne, est remplie de ces sépultures. Les comédiens
taliens — qui, soit dit en passant, ne furent jamais excom-
muniés par le pape, alors que leurs confrères français
l'étaient en France — font baptiser leurs enfants, se
marient, et se font inhumer dans la chapelle de la Vierge
de cette église Saint-Sauveur. En tout cas, Molière, qua-
lifié « officier du Roi », était exclu de toute excommuni-
cation.

Voici donc Mlle Molière aux prises avec les pires difficultés. Elle est assistée, en ces tristes circonstances,
par Jean Aubry, le mari de Geneviève et le jeune Baron,
et quoi qu'en dise le pamphlétaire, sa douleur paraît avoir

été sincère. Affolée par le refus du curé de Saint-Eustache, elle s'en va avec Baron à Saint-Germain, en se faisant accompagner par le curé d'Auteuil, qui, lui, peut témoigner des sentiments chrétiens de celui qui fut aussi son paroissien.

Madeleine Béjart, l'année précédente, n'a-t-elle pas été enterrée dans les charniers de l'église Saint-Paul ? Jodelet n'a-t-il pas été pareillement inhumé dans sa paroisse ? Et Mlle Du Parc au couvent des Billettes ?

Le curé de Saint-Eustache est irréductible. Au nom d'Elisabeth-Claire-Grésinde Béjart, veuve de J.-B. Poquelin de Molière, de son vivant valet de chambre et tapissier du roi, et l'un des comédiens de sa troupe, Jean Aubry adresse alors une requête à l'archevêque de Paris de Harlay, invoquant les sentiments de bon chrétien du défunt témoignés au moment de sa mort, en présence des deux religieuses demeurant en la même maison, ainsi que du gentilhomme nommé Couton qui l'assista à ses derniers moments.

La requête rappelle encore que M. Bernard, prêtre habitué en l'église Saint-Germain-l'Auxerrois, lui a donné le sacrement de la communion l'année précédente, et se termine en demandant l'inhumation dans l'église Saint-Eustache, paroisse du défunt.

L'archevêque se contente de renvoyer cette pièce au sieur abbé de Benjamin, son « official », pour informations relatives aux faits invoqués.

Mais en réalité l'archevêque, avant de permettre la sépulture ecclésiastique, craint de heurter de front le sentiment du clergé ; il redoute, pendant le jour, des funérailles pompeuses où le peuple va accourir avec des sentiments divers ; et deux jours après, sans avoir « aucunement égard aux preuves résultant de l'enquête », comme il l'avoue lui-même, il autorise enfin la sépulture en terre chrétienne, mais sans aucune cérémonie religieuse en aucun lieu.

Et voilà comment, le mardi 21 février, quatre jours après le décès, vers neuf heures du soir, en présence de trois ecclésiastiques (au lieu de deux prescrits), quatre prêtres levèrent le corps rue Richelieu, en face l'hôtel de Crussol, et portèrent le cercueil en bois, couvert du poêle des tapissiers, suivis des amis du défunt, une cire à la main, de six enfants bleus portant des cierges dans six chandeliers d'argent, et de plusieurs laquais avec des flambeaux allumés, jusqu'au cimetière Saint-Joseph, situé derrière la chapelle de ce nom, rue Montmartre, annexe de la paroisse Saint-Eustache.

Mlle Molière, excédée par ces démarches, inquiète de ce qu'on venait lui dire au sujet d'une affluence de populaire où perçaient certains sentiments hostiles — rappelons-nous que quelques années auparavant le curé de Saint-Barthélemy, notamment, à propos de *Tartuffe*, avait traité Molière de démon vêtu de chair et habillé en homme, réclamant pour lui un supplice exemplaire —

Mlle Molière donc, souhaitait de tout cœur des obsèques
« tranquilles », selon le mot de Grimarest.

Elle les obtint grâce au conseil qu'on lui donna, et
qu'elle suivit, en faisant distribuer mille à douze cents
livres aux pauvres, si nombreux en la circonstance, nous
dit une *Relation*, que chacun d'eux ne put avoir seulement
que cinq sols, ce qui, soit dit en passant, nous semble
bien exagéré, car il faudrait supposer qu'il y eut ce soir-
là, à dix heures, de quatre mille à cinq mille personnes
dans les rues obscures du vieux Paris. Voilà qui est bien
invraisemblable, et nous croyons plutôt que toute cette
racaille défila pendant le jour devant la maison mortuaire — quitte à repasser deux ou trois fois — pour
recevoir les dons de la veuve qui les supplia en termes si
touchants, nous dit un contemporain, « de donner des
prières à son mari qu'il n'y eut personne de ces gens-là
qui ne priât Dieu de tout son cœur ». L'affluence, en tout
cas, fut considérable le soir, et bien que l'archevêque
eût défendu tout service, une quantité de messes furent
ordonnées.

La tombe fut élevée au milieu du cimetière annexe de
Saint-Eustache (rue Montmartre, emplacement de la rue
Saint-Joseph), au pied de la croix, à quelque hauteur hors
de terre, et le peintre Mignard, qui avait été son intime
et demeurait rue Montmartre, en face l'église de Saint-
Joseph, apercevait de ses fenêtres le tombeau de son
ami. Deux ou trois ans plus tard, par un rude hiver,

Mlle Molière, en souvenir de son mari, fit porter cent voies de bois au cimetière, et allumer de grands feux sur la tombe pour réchauffer les pauvres du quartier. La pierre que l'on voyait encore en cet endroit, en 1752, en fut fendue.

Cette mort, survenue à l'improviste, donna lieu tout naturellement à des inventaires, et ceux-ci vont nous permettre de pénétrer dans ce logis et de nous donner une idée de ce que pouvait être la demeure d'une riche comédienne au XVIIe siècle.

Nous avons vu que le ménage Molière occupait à peu près toute la maison de la rue Richelieu. L'appartement de Mlle Molière était situé, selon toute apparence, au premier étage, et devait servir d'appartement de réception, car l'usage, au XVIIe siècle, permit longtemps aux femmes les mieux qualifiées de tenir cercle dans la chambre où elles couchaient, et même quelquefois où elles étaient couchées.

Après avoir franchi un palier d'antichambre dans l'aile gauche, nous entrerons donc dans un vaste salon éclairé par trois croisées, et tenant par conséquent toute la largeur de la maison en façade sur la rue Richelieu, avec une autre chambre en retrait, sur l'aile droite.

L'inventaire dressé après le décès de Molière ne contient aucune indication sur la distribution intérieure des appartements occupés par Molière et sa femme. Il ne constate, par exemple, que trois entresols, et nous savons qu'ils en avaient quatre à leur disposition. On serait assez tenté de croire qu'ils servaient de chambres pour les domestiques et de salles de débarras ; on y relève un lit à hauts piliers, un petit lit de repos, une couchette en noyer et un lit de sangle, des coffres, des fauteuils de noyer, une boîte à perruques, et une chaise à porteurs avec ses bâtons. L'intérieur en est garni en damas rouge.

Bien que le même inventaire nomme « l'une des chambres de l'appartement de ladite damoiselle veuve » avec une chambre à côté, il oublie de nous dire à quel étage elle est située.

Et comme, pour faciliter le travail du notaire et du juré-priseur, on avait entassé tous les meubles dans quelques pièces seulement, nous avons à nous démêler au milieu d'un inextricable fouillis de meubles riches et communs, de lits et d'objets de literie, qui ne nous fournissent aucune indication précise sur la destination des pièces, chambres à coucher, salons, cabinet de travail, etc...

Le magnifique lit de parade avec ses luxueux accessoires, nous fait seulement croire que la grande salle du premier était tout à la fois la chambre à coucher de Mlle Molière, et, selon l'usage d'alors, le salon de réception.

Auguste Vitu, qui compulsa les inventaires et se livra à une étude approfondie de cette maison mortuaire, nous a laissé la description de ce lit :

« C'était une couche à pieds d'aiglons, peints de bronze vert, avec un dossier peint et doré, sculpture et dorure ; cette couche était surmontée par un dôme à fond d'azur, sculpture et dorure, avec quatre aigles de relief de bois doré et quatre pommes façon de vases, aussi de bois doré garni par dedans de taffetas aurore et vert en huit pentes avec le plafond ; l'entour du lit d'une seule pièce, de deux aunes et un quart de haut (2 m. 68) de pareil taffetas, le tout garni de franges aurore et vert.

« En dedans de ce grand dôme s'ajustait un dôme plus petit, de bois doré, sculpture façon campane, avec pavillon de trois pièces de taffetas gris de lin, brodé d'un petit cordonnet d'or avec frange et mollet d'or et soie, doublé d'un petit taffetas d'Avignon ; le petit dôme était garni en dedans de la même manière.

« Le sommier de crin et les deux matelas de futaine, le lit de plumes et le traversin de coutil de Bruxelles disparaissaient sous une courtepointe de taffetas gris de lin brodé d'or, avec frange et mollet brodé avec chiffres, doublée de toile boucassine rouge. »

Quatre rideaux de deux aunes un tiers de haut (2 m. 76) de brocart à fleurs et fond violet, garni d'agréments d'or faux et soie verte, frange et mollet d'or fin et soie verte ; trois soubassements et trois pentes à campanes, garnis de glands en or faux et soie verte avec les cordons et houppes gris de lin et or faux, et vert et or faux, et les houppes d'or fin, et encore trois pentes de satin vert brodées de lames d'or pour rehausser les campanes ; tel était ce véritable lit monumental que le juré-priseur estima deux mille livres, ce qui suppose, tenant compte de la moins-value habituelle des estimations après décès, quelque chose comme dix à douze mille francs, valeur de notre monnaie avant guerre.

Nous passons sur les fauteuils de bois doré ; les six à figures de sphinx, également dorés, garnis en satin, les quatorze « chaises » de bois verni et doré, les douze carreaux de brocatelle de Venise, les guéridons, les tapis de Turquie ; nous remarquons seulement que la couleur verte prédomine partout ; elle semble être celle que préférait Molière, qui fut, on s'en souvient, dans *Le Misanthrope*, « l'homme aux rubans verts ».

Entrons à présent dans la chambre voisine qui, avec ses deux clavecins, nous semble plus intime. Voici une petite table basse à piliers garnie d'un tiroir ; sept feuilles de paravent garnies de serge verte ; une table ovale sur son tréteau de bois de sapin ; mais on est tout étonné de trouver là un lit de sangle qui n'y était peut-être qu'au moment de l'inventaire avec sept oreillers de coutil remplis de plumes, deux autres plus petits, un traversin. La pièce est décorée d'une « tapisserie de toile peinte » à bande de brocatelle, de sept aunes, à fond bleu, en trois pièces de deux aunes de haut.

C'est dans cette pièce qu'Armande, qui est musicienne, étudie et chante sur un grand clavecin de sept pieds de long, à deux claviers, en bois de noyer avec housse de cuir, et sur un autre plus petit de cinq pieds de long.

Le cachet féminin nous est révélé par un grand miroir

de trente pouces de glace, avec une bordure entièrement garnie de cuivre doré. Ici, une table sur son châssis en bois de noyer, un « cabinet » de racine de noyer sur son pied à six colonnes, garni de nombreux tiroirs fermant à clef ; deux pendules, l'une de la façon de Claude Raillart, l'autre de Gavelle, en bronze doré, et un « termamettre » dans lequel nous devinons un thermomètre.

La présence d'un brasier de fer blanc et d'un bassin de cuivre jaune, d'un grand guéridon et de deux petits, d'un autre « petit cabinet de vernis de la Chine » fermant à clef, nous font comprendre que les pièces de ce logis de la rue de Richelieu étaient vastes.

Au mur une tenture de tapisserie de « camelot » façon de la Chine, à bande de damas « caffard » vert rayé, de deux aunes et demie de haut sur dix-huit aunes d'étendue, en plusieurs pièces.

Sept tableaux encadrés sont mentionnés : l'un représente une ruine, quatre des paysages et une marine ; une Vierge et une Sainte Catherine.

L'importance de la cuisine avec sa grande cheminée à crémaillère, ses chenets, ses pelle et pincettes, ses deux fontaines de cuivre rouge, l'une contenant quatre seaux et l'autre deux, et surtout sa grande et belle table de bois de chêne de sept pieds de long avec ses deux « bancelles » pour s'y asseoir, nous ferait croire que cette pièce était celle qui servait de salle à manger.

De plus, elle est très bien montée, cette cuisine, avec

ses chaudrons de cuivre jaune, ses bassinoires de cuivre rouge, son alambic, ses marmites, poêlons, poêles à frire, réchauds, chandeliers grands et petits, tourtière, etc... On y trouve quatre-vingts livres d'étain dans les seuls ustensiles.

Mais ce qui revêt un intérêt peu ordinaire, c'est la vaisselle d'argent, dont l'abondance nous prouve que le ménage de Molière était grandement à son aise au moment de la mort de celui-ci.

Le notaire enregistre avec soin deux grands bassins ronds, quatre grands plats et deux petits, une saucière, quatre assiettes creuses, trois douzaines d'assiettes volantes, trois aiguières, quatre petites salières, un sucrier, quatre grands flambeaux, deux « chandeliers d'étude » et un autre chandelier, un crachoir, une petite écuelle couverte, un poêlon, deux coquetiers, deux moutardiers, un vinaigrier, deux porte-assiettes, une mouchette, deux porte-mouchettes, un réchaud, deux tire-moelle, une autre écuelle couverte, dix-huit cuillères et dix-sept fourchettes.

Le tout d'argent, poinçon de Paris, pesant ensemble deux cent quarante marcs, prisés à 26 livres le marc, représentant une somme de 6.240 livres.

Les armoires sont remplies de linge, de draps, de couvertures, de torchons neufs, etc... Nous sommes dans une maison bien tenue, où rien n'est sacrifié à un luxe inutile et vain.

CHAPITRE VIII

LA GARDE-ROBE D'UNE COMÉDIENNE

La garde-robe d'une comédienne. — Costumes de Mlle Molière.
— Sa nouvelle situation au théâtre et sa rentrée. — Le devoir
professionnel. — Désertions dans la troupe. — La Thorillière, les Beauval, Baron. — La salle du Palais-Royal
donnée à Lulli pour l'Opéra. — Fusion de la troupe de Molière avec celle du Marais.

Nos comédiennes s'inquiéteront de ce que pouvait être
la garde-robe d'une de leurs ancêtres au XVIIe siècle.
Nous avons déjà parlé des costumes de *La Princesse
d'Elide*, du *Médecin malgré lui* et de *Psyché*.

D'autre part, une partie des costumes courants, étant
restés au théâtre, ne figure pas dans cet inventaire.
Disons néanmoins ce qu'on trouve encore dans les coffres
ou dans les armoires de la rue Richelieu.

C'est une jupe de satin blanc garnie de quatre dentelles d'argent fin ; une jupe de toile d'or, en partie
garnie de grandes dentelles d'argent, avec des agréments.

Une jupe et un corps de brocart couleur de feu et blanc,
à fleurs, le corps garni de dentelles.

Une jupe et un corps d'étamine de soie grise, garnie
de dentelles d'argent.

Un *devantier* (tablier) de satin blanc, garni de dentelles d'argent.

Un manteau de taffetas couleur de citron, garni de point de Paris ; un autre manteau de taffetas blanc, garni de dentelle fausse ; un autre de satin de la Chine blanc et garni de dentelle fausse.

Une jupe de taffetas couleur de citron garnie de guipure ; une autre jupe de taffetas couleur de cerise blanche, avec guipure.

Nous retrouvons ici l'habit de *La Princesse d'Elide* que nous avons décrit plus haut, puis ce sont encore :

Un corps et une jupe de taffetas musc rayé d'or, garnis de dentelle d'or fin ; une autre jupe et un corps aussi de taffetas, une jupe de satin vert, garnie de deux grandes guipures, avec un corps de toile d'argent et soie couleur de rose ; un corps de toile d'argent à manches de satin couleur de rose, à manches d'or et argent fin ; un autre corps de brocart à fleurs d'argent et ses manches isabelles, rayées d'argent et couleur de rose ; une petite jupe de taffetas isabelle et le pourpoint de toile d'argent.

A côté du costume porté dans *Le Médecin malgré lui*, et dont nous avons parlé, voici un habit d'Egyptienne qui dut lui servir dans *Le Mariage forcé*, bien que n'ayant pas créé le rôle, car elle relevait alors de couches. La mante et la jupe sont en satin de plusieurs couleurs, et quant à la robe désignée sous le nom de « robe de l'*Harmenienne* » ; comme il n'existe aucune pièce de ce nom, il nous faut supposer aussi que cette jupe de toile rouge et cette chemise « sultane jaune » ont dû servir aussi pour une figuration ou un ballet.

Telle était la garde-robe d'une comédienne au XVIIe siècle, et cette abondance de toiles d'argent, de dentelles, d'argent fin, de satin, de brocart, nous laisse à entendre l'importance que l'on attachait, à cette époque, aux costumes, et dont les ballets du roi donnaient l'exemple.

Les costumes de théâtre étaient alors excessivement dispendieux. Aussi les grands seigneurs laissaient leurs défroques aux comédiens qui s'empressaient de les accepter. Le fait de recevoir une riche parure d'un courtisan n'avait rien de compromettant pour une comédienne qui ne s'en cachait pas. Beaucoup d'acteurs et d'actrices louaient leurs habits de théâtre, soit chez Bourgeois au pilier des Halles, soit à la friperie, ou encore chez Fortier et chez Baraillon, tailleurs, à raison « de cent sols » par représentation, ce qui est un joli prix pour l'époque, et les chroniqueurs qui nous initient aux mœurs théâtrales du règne de Louis XIV, tel Chappuzeau, font reremarquer que les dépenses en costumes des comédiens sont considérables, car chaque pièce nouvelle leur coûte de nouveaux ajustements ; et le faux or, ni le faux argent n'étant pas employés, sans doute à cause de la proximité des spectateurs sur le théâtre, il en résultait qu'un riche habit, dit « à la romaine », allait souvent à cinq cents écus, soit près de huit mille francs, valeur de la monnaie avant guerre.

Quelle était désormais, au théâtre, la situation de Mlle Molière au lendemain de la mort de son mari ? Molière mort, mort le théâtre du Palais-Royal. C'était le premier cri de l'émotion publique. La troupe se sentit perdue. On n'en fit rien paraître, cependant, et, aucun ordre ne venant d'en haut, on décida de recommencer les représentations le vendredi suivant.

Pour le moment, il ne fallait pas songer au *Malade Imaginaire*, arrêté après la quatrième représentation, en plein succès. Lagrange, qui devenait de fait le directeur de l'entreprise, ordonna d'afficher *Le Misanthrope* avec Baron dans le rôle d'Alceste. C'était le plus bel hommage que tous deux pouvaient rendre à leur maître, et le spectacle qui convenait le mieux dans la circonstance.

Mlle Molière — Célimène — reparut donc sur le théâtre. Et nous constatons, à ce propos, que certains biographes, tel Taschereau, moliériste averti cependant, mais implacable pour Armande, n'ont pas compris les nécessités du devoir professionnel qui s'imposent aux comédiens : « Elle osa remonter sur la scène peu de jours après la perte qu'elle et la France venaient de faire ! », écrit-il.

Que vient faire la France en cette affaire ? La France se souciait bien peu alors de Molière et d'autres écrivains. Mlle Molière remonta sur la scène, comme sa profession l'exigeait, comme son mari avait dû lui-même quitter un jour la chambre mortuaire de son père pour donner une représentation, comme il jouait lui-même à Saint-Germain devant le Roi, l'année précédente, à l'heure où Madeleine agonisait. N'est-ce pas lui qui avait dit, le jour même de sa mort, alors qu'on le pressait de faire relâche pour ménager sa santé : « Comment voulez-vous que je fasse ? Je ne puis priver de leur gagne-pain cinquante personnes ! »

Le sort des comédiens est ainsi fait, et Bouffé, le plus célèbre comédien du Gymnase au XIXe siècle, a raconté dans ses *Mémoires* comment il apprit la mort de sa fille. Il avait dû quitter celle-ci, à toute extrémité, pour se rendre à son théâtre. Il monte à sa loge et s'habille. La funeste nouvelle parvient dans la salle. On la lui cache encore. Il entre en scène, et le public en signe de sympathie, le salue d'une triple salve d'applaudissements. « Alors, dit-il, j'ai compris que ma fille était morte ». Et Bouffé était un comique.

Ce geste de Mlle Molière fut souvent mal interprété. De nos jours encore, combien souvent ne voit-on pas un comédien, une comédienne, essuyer furtivement une larme avant de paraître en public. Mlle Molière, en aidant ses camarades à gagner leur vie, en reparaissant sur le théâtre, n'insultait nullement la mémoire de son mari. Elle accomplissait un devoir professionnel. Elle sauvait en même temps l'entreprise qu'il avait fondée. Faire autrement eût été une désertion, d'autant plus que dans

une troupe composée de treize personnes il était impossible de la remplacer.

Mais ce n'était pas avec quelques représentations du *Misanthrope* ou d'autres œuvres archiconnues que l'on pouvait songer à sauver la situation financière du théâtre. Les frais du *Malade Imaginaire*, représenté alors avec chants et danses dans les intermèdes, avaient été considérables. Il avait fallu engager 12 violons, 12 danseurs, 3 symphonistes, 7 musiciens et musiciennes. Il y avait à payer une redevance pour les ballets, la musique, les habits. Il était impossible d'en rester là pour faire face aux dettes et aux engagements contractés. De plus, on était en carême, et la fermeture annuelle du théâtre approchait. *Le Malade Imaginaire* fut remonté en quelques jours avec La Thorillière dans le rôle d'Argan. Mais que réservait l'avenir, à la rentrée après Pâques ?

Dans cette troupe, privée de son chef, il y eut nécessairement du flottement. Le roi aurait voulu la fondre dans celle de l'Hôtel de Bourgogne. Nonchalante de sa nature, Mlle Molière eût volontiers tout abandonné. Lagrange en cette circonstance fut le défenseur de l'œuvre de son maître, et plutôt que de se laisser englober avec ses camarades dans la troupe de l'Hôtel de Bourgogne, dernier refuge, il allait viser le théâtre du Marais agonisant, pour en attirer à lui les sociétaires.

L'heure était angoissante, d'autant plus qu'un autre péril menaçait Mlle Molière et la troupe du **Palais-Royal**.

Cette salle où l'on jouait depuis douze ans, était, nous l'avons vu, la seule de Paris qui eût été spécialement construite pour un théâtre. Lorsque la salle du Petit-Bourbon avait été démolie pour faire place à la colonnade du Louvre, le Roi avait mis à la disposition de Molière, le 20 janvier 1661, celle que Richelieu avait fait construire pour la représentation de *Mirame*. Molière mort, le privilège tombait, et Lulli, surintendant, maître et compositeur de musique, possédant un très grand crédit, était là qui guettait l'occasion pour prendre la place.

Déjà, au mois de mars 1672, il avait fait révoquer un autre privilège accordé trois ans auparavant à l'abbé Perrin pour une Académie de musique. Insatiable, quelques jours après la mort de Molière, au mois de mars, il demandait et obtenait la libre disposition du théâtre.

Cet événement, coïncidant avec la fermeture annuelle qui cette année tombait le 21 mars, fut le signal de la désagrégation de la troupe, et l'on ne tarda pas à apprendre que La Thorillière, le couple Beauval et Baron passaient à l'Hôtel de Bourgogne.

François Le Noir, écuyer, sieur de La Thorillière, alors âgé de quarante-six ans environ, appartenait au théâtre de Molière depuis onze ans. Ex-capitaine d'une compagnie de gens de pied dans le régiment de Lorraine et même « Maréchal de camp », il avait épousé la fille de Petit-Jean, dit La Roque, qui dirigeait la troupe du Marais.

Il était donc entré sur le tard dans la carrière dramatique, mais c'était une excellente recrue. Homme de belle prestance, il remplissait les rôles de rois, de financiers. Il avait été le Philinte du *Misanthrope*. Une de ses filles devait épouser Baron ; à l'Hôtel de Bourgogne, il allait devenir administrateur.

La Beauval était Jeanne Olivier Bourguignon, femme de Jean Pitel, sieur de Beauval, qui, après avoir été moucheur de chandelles dans la troupe nomade de Paphetin, y avait débuté à l'époque de son mariage. Un ordre du Roi les avait pris l'un et l'autre à Mâcon pour les engager au Palais-Royal. C'était alors l'usage, et c'est ainsi que les troupes de province se voyaient dépouillées de leurs principaux soutiens sans avoir le droit de protester.

La légende veut que ce brave Beauval, qui réussissait dans les rôles de niais et de valets, donna à sa femme vingt-huit enfants. Toutefois, si elle savait à peine lire, celle-ci possédait beaucoup d'esprit et de vivacité, et Molière avait su tirer parti de son tic, qui consistait à rire toujours, en écrivant pour elle les rôles de soubrette que l'on connaît.

Baron, enfin, pouvait passer pour terriblement ingrat en abandonnant la troupe où il avait été élevé ; mais il est permis de se demander si ce fut de leur propre mouvement que ces quatre comédiens quittèrent Mlle Molière. Manque de confiance dans l'avenir de la troupe privée de son chef? Ou simplement ordre royal leur enjoignant de passer à l'Hôtel de Bourgogne ?

L'Hôtel de Bourgogne, situé à l'angle de la rue Mauconseil et de la rue Française, était occupé par les «grands comédiens » largement subventionnés par les largesses royales, et leur troupe s'appelait « Troupe Royale », alors que celle de Molière ne prenait le nom que de « Troupe du Roi ».

C'est sur le théâtre de l'Hôtel de Bourgogne que furent jouées une partie des tragédies de Corneille (venues du Marais) et de Racine. On y applaudissait une étoile de première grandeur : la Champmeslé.

Mais là-bas, à l'autre bout de Paris, rue Vieille-du-Temple, il était un troisième théâtre qui avait connu de beaux succès trente ans auparavant avec les pièces du grand Corneille, et qui alors se traînait misérablement dans un quartier ayant perdu la vogue qu'il avait eue sous Louis XIII.

Ce théâtre est celui du Marais, et c'est alors que, par une décision royale, cette troupe est fusionnée avec celle de Mlle Molière, pour aller toutes deux s'installer à la salle Guénégaud située au 42 actuel de la rue Mazarine où sept ans plus tard viendront les rejoindre les comédiens de l'Hôtel de Bourgogne pour fonder définitivement la *Comédie-Française,* par suite de la réunion des trois troupes.

CHAPITRE IX

LE THÉATRE DE Mlle MOLIÈRE

Le 23 mai, le Jeu de paume de la Bouteille, dont le
marquis de Sourdéac et M. de Champerron avaient fait
un théâtre, est loué en vue de la nouvelle association.
Mlle Molière, de son côté, a cédé le bail de l'appartement
qu'elle occupait chez Baudelet, rue Richelieu, au comte
de La Mark, maréchal des camps et armées du roi, par
acte du 26 juillet, et quelques jours après, elle s'entend
avec J.-B. Aubry, sieur des Carrières, paveur ordinaire
des bâtiments du roi, second mari de Geneviève Béjart ;
et tous trois prennent à bail une maison sise à Paris,
rue de Seine, «appelée hôtel d'Arras», consistant en deux
corps de logis. Il leur est accordé de faire une ouverture
sur la montée du corps de logis de derrière, pour avoir
communication avec le théâtre situé dans le jeu de paume
de la rue Guénégaud. On suppose que l'hôtel d'Arras

occupait le 41 de la rue de Seine, et que l'appartement de Mlle Molière était celui du premier étage au fond de la cour.

La compagnie groupée autour de Mlle Molière, rue Guénégaud, se trouve donc composée de deux éléments : ceux provenant du Palais-Royal, et ayant appartenu à l'ancienne troupe de son mari, et ceux venant du Marais, qu'on lui a imposés.

Aux premiers il faut rattacher le fidèle Lagrange, le jeune premier idéal du Théâtre de Molière et qui fut son bras droit : celui pour lequel, passant ses comédiens en revue dans *L'Impromptu de Versailles*, il eut ces paroles ; « Pour vous, je n'ai rien à vous dire ». Lagrange, dont le *Registre* retrouvé et pieusement conservé à la Comédie-Française, forme comme le journal des théâtres du Palais-Royal et de Guénégaud.

C'est encore Du Croisy, le créateur du rôle de Tartuffe, le jeune Hubert profondément dévoué à la maison et qui, outre les valets et les paysans, jouait aussi les rôles de duègnes, dans un temps où l'on ne voyait pas de vieilles femmes sur le théâtre.

De Brie, mari de Mlle De Brie, a nécessairement suivi sa femme, et Louis Béjart, le premier retraité de la compagnie, rend encore quelques services.

Autour de Mlle Molière, véritable maîtresse de maison, se groupent Mlles De Brie, Hervé-Aubry, **Lagrange**, Angélique Du Croisy.

D'autre part, le théâtre du Marais a donné comme appoint : Dauvilliers, Guérin d'Estriché, Dupin, La Roque, Rosimont, Verneuil (frère de Lagrange), Mlles Dauvilliers, Guiot, Loisillon et Dupin.

On remarquera que sur ces vingt et un noms, dix forment des couples matrimoniaux, tandis que Guérin d'Estriché, qui va bientôt retenir toute notre attention, vit au su de tous avec Mlle Guiot, actrice sans talent, qu'il avait connue dans la troupe du duc de Savoie, à Turin.

Une étrangeté cependant frappe les yeux de quiconque jette un coup d'œil sur la répartition des dix-sept parts et demie de la troupe : Mlle De Brie, la doyenne, celle qui depuis vingt ans a été de toutes les pièces, de tous les triomphes, Mlle De Brie est mise à demi-part, et son mari, « l'utilité », conserve une part entière.

On a voulu expliquer cette anomalie de différentes manières.

Les uns ont dit : De Brie était trop bien traité pour le peu de services qu'il rendait. La troupe nouvelle, dont une partie venait du Marais, n'avait pas de ces condescendances que l'on connaissait au Palais-Royal. Logiquement il eût fallu réduire la part entière de De Brie et ne pas toucher à celle de sa femme. Eut-on peur du comédien qui jouait les bretteurs d'après le naturel ? Mlle De Brie, toujours douce et de bonne composition, ne prendrait-elle pas au contraire la réduction pour elle ? Au total, on évaluait les services du couple De Brie à une part et demie; et, au lieu d'ôter une demi-part au mari, on l'enleva à sa femme. Celle-ci n'y perdit rien du reste dans l'estime du public, qui devait exiger un jour qu'elle seule de toutes les actrices de la compagnie continuât à tenir le rôle d'Agnès à plus de cinquante ans. Mais que devenait en cette affaire la question d'amour-propre, si sensible chez la gent dramatique, plus que partout ailleurs ?

Ou bien ne devons-nous voir en cette injustice qu'une vengeance féminine ? Mlle De Brie n'a-t-elle pas été l'amie dévouée, la consolatrice de Molière ? Mlle Molière ne doit-elle pas faire sentir à son ancienne rivale qu'elle est à présent la patronne ? Comme bientôt Mlle Guiot, à part entière, sera momentanément réduite à la demi-part, le jour où Guérin, son amant, la délaissera pour Mlle Molière, qu'il finira par épouser.

Le nouveau théâtre de la rue Guénégaud s'ouvrit le 9 juillet 1673 avec *Tartuffe*. Ainsi l'on maintenait le nom de Molière sur l'affiche, et pendant quatre mois encore, du jour de l'ouverture à celui de la première représentation du *Comédien-poète*, c'est toujours Molière qui va défrayer le répertoire.

Ce théâtre est donc bien en réalité le « Théâtre de Mlle Molière », dont Lagrange est le fidèle gardien. Défense est faite à la troupe rivale de l'Hôtel ou à toute autre compagnie dramatique de représenter *Le Malade Imaginaire* qui n'a pas encore été imprimé, et quand on le reprendra sur la rive gauche, avec un succès continu, c'est Mlle Molière qui touchera les droits d'auteur.

Cependant, le pamphlétaire, bien qu'écrivant plus de dix ans plus tard, ne désarme pas. Il veut nous entretenir des intrigues de Mlle Molière pendant son veuvage.

Nous avons vu que, pour sa sauvegarde, elle était allée demeurer rue de Seine dans la même maison que Geneviève remariée à Aubry des Carrières. Une porte de communication lui permet de passer dans son théâtre sans sortir.

Il faudrait donc placer à cette époque l'histoire de Du Boulay qu'on nous dépeint pourtant bien plus comme un soupirant que comme un véritable amant. Ne nous demandez pas de preuves à l'appui de ce racontar. Il n'y en a pas.

Quel était ce Du Boulay ?

François Brulart, seigneur Du Boulay, « homme assez du monde », n'était pas de très haute noblesse ; mais il appartenait néanmoins à la branche des marquis de Genlis. « Qu'il parût assez amoureux pour épouser cette jeune veuve, si elle savait le ménager avec esprit », c'est possible ; mais dans les pages entières consacrées à cette aventure, nous ne démêlons guère qu'un roman à deux personnages : une coquette qui ne cède rien, dans l'espoir de se faire épouser, et un amoureux naïf qui ne cesse de l'être que le jour où il s'aperçoit qu'il est joué. Si cette scène est vraie, Mlle Molière n'a pas à en réclamer pour elle seule le monopole. C'est la monnaie courante des soupirants fourvoyés et éconduits.

Notre amoureux se flatte d'abord de tout obtenir aisément. Trompé dans son attente, il se rend une après-dînée chez Mlle Molière afin de s'en expliquer avec elle. Il trouve, étant donné son veuvage encore récent, qu'elle se pare extraordinairement, et le lui reproche. Et puis, cette coquetterie n'est-elle pas d'un mauvais augure pour son amour ?

— Vous souhaiteriez que tout le monde pût vous voir, lui dit-il, et moi, qui crains toujours qu'il n'en vienne quelqu'un plus heureux que moi, je voudrais être le seul à qui ce bonheur fût permis.

Mlle Molière reçoit ces observations avec hauteur. Tous les hommes méritent d'être traités de la même manière. Si les femmes étaient raisonnables, elles les recevraient tous avec la même indifférence.

Le pauvre Du Boulay s'humilie. N'a-t-il pas pour excuse sa violente passion, et cette ardeur ne mérite-t-elle pas d'être récompensée ?

Pour rester dans son rôle, la fine comédienne qu'est Armande feint de s'irriter de plus en plus :

— Vous ne savez ce que vous demandez, et pour peu que votre passion vous plaise, vous devriez craindre de la voir finir, comme elle finirait infailliblement, si vous n'aviez plus rien à souhaiter. Comme l'amour ne se soutient que par les désirs qui causent toute notre ardeur, il meurt aussitôt qu'il est satisfait ; du moins, jusqu'à présent, je n'ai point vu d'amants fidèles quand ils sont heureux. Et comment peut-on avoir des impatiences et des transports pour une chose dont on est le maître ?

L'auteur d'un si bel entretien fait alors intervenir une troisième personne, la Châteauneuf, femme de l'ancien portier du théâtre du Palais-Royal, gagiste de la troupe, maintenant ouvreuse de loges à la salle Guénégaud ; elle sert de confidente à Mlle Molière. Son arrivée inopportune, ou peut-être préméditée, rompt la conversation. Ne cessait-elle pas de recommander à sa maîtresse de se tenir ferme sur le pied de sa vertu, seul moyen, disait-elle, d'arriver à sa fortune faite avec le crédule Du Boulay qui était riche.

Cependant celui-ci, qui ne désarme pas, revient à la charge jusqu'au jour où il comprend le manège. Au point où nous en sommes, nous ne pouvons tabler que sur des conjectures.

En dépit des conseils de la Châteauneuf, Mlle Molière fut-elle assez crédule pour se laisser aller sur l'assurance que Du Boulay ferait d'elle sa femme ? L'auteur du pamphlet nous le laisse entendre. Ce serait l'histoire du dupeur dupé. Chaque jour, l'amant trouve quelque excuse pour retarder la date du mariage ; il faut tenir compte des oppositions de sa famille ; agir avec le plus grand ménagement ; jusqu'au moment où, satisfait sans doute, et ayant obtenu tout ce qu'il souhaitait, mais fatigué des obsessions de la dame, notre homme lui déclare tout net que, quoiqu'il eût pour elle toute la passion imaginable, des raisons puissantes ne lui permettent pas de la mener chez le notaire et devant l'autel.

Emportement, violences, Du Boulay traité comme le dernier des hommes, et chassé de chez elle ; raccommodement passager; brouilles nouvelles; toute la gamme jusqu'à la séparation définitive; chacun d'eux résolu à suivre sa vie.

Mais si la prétendue aventure de Du Boulay que nous ne connaissons que par ce pamphlet passa inaperçue, il n'en fut pas de même de celle du président Lescot dans laquelle, compromise sans le savoir, Mlle Molière n'était absolument pour rien.

Cette affaire devait survenir pendant les représentations de *Circé*.

Circé était une tragédie lyrique, précédée d'un prologue, dont les paroles étaient de Thomas Corneille et la musique de Charpentier, et dont le succès fut tel qu'on la représenta presque sans discontinuer du 17 mars au 15 octobre de l'année 1675. La mise en scène de cet ouvrage, dont les frais dépassaient dix mille livres, avait soulevé de grandes discussions, auxquelles prirent part le marquis de Sourdéac et Champerron qui, en qualité de « machinistes », étaient chargés de confectionner ou de faire confectionner les « machines » comme on disait alors, et touchaient chacun, de ce fait, une part entière. Bref, on donna *Circé* après vingt jours de fermeture pour répétitions, et Mlle Molière, dans le rôle de Circé, déesse et magicienne, enthousiasma les foules.

Un président de Grenoble, Jean-François Lescot, d'abord conseiller au Parlement de cette ville, puis nommé à cette fonction l'année précédente, à la mort de son père, était venu à Paris et avait été à la Comédie. Il avait vu Mlle Molière dans *Circé*, et cette apparition lui avait absolument fait tourner la tête. Dès lors, follement amoureux de cette idole de théâtre, il n'a plus qu'un désir : l'approcher afin de pouvoir lui parler. Mais comment se faire présenter ?

L'histoire véridique qui va suivre semble presque invraisemblable et cependant elle n'est, avant la lettre si l'on peut dire, que celle qui devait arriver cent ans plus tard à la malheureuse reine Marie-Antoinette compromise malgré elle. Dans l'affaire du Collier de la Reine, l'intrigante s'appelait la comtesse de la Motte, et la figurante Oliva. Ici, dans un monde plus vulgaire, nous rencontrerons la Ledoux et la Tourelle.

Voici donc notre naïf provincial, peu au courant des usages de Paris, qui va confier son embarras à une aventurière, nommée la Ledoux, en lui faisant comprendre qu'il ne regardait pas à la dépense pour en arriver à ses fins. Le hasard voulut que la Ledoux connût précisément une femme de mœurs légères, dite la Tourelle, qui ressemblait à Mlle Molière à s'y méprendre.

On devine aisément le piège tendu par ces deux drôlesses au président. Tout d'abord la Ledoux lui explique qu'elle ne connaissait pas personnellement Mlle Molière, mais qu'elle rechercherait une personne qui la gouverne absolument.

Pendant ce temps, on fait la leçon à la Tourelle. Il lui faudra jouer le rôle de Mlle Molière à la ville. Le président s'impatiente. Chaque jour il vient savoir s'il y a lieu d'espérer. Peu à peu, à entendre la Ledoux, les obstacles sont surmontés, mais non sans difficultés. C'est chez elle qu'auront lieu les rendez-vous où la fausse Mlle Molière viendra incognito en costume très négligé, afin, disait-elle, de détourner tout soupçon. La Tourelle, raconte la chronique, joua à la perfection le rôle qu'on lui avait appris, imitant la toux, et les airs importants de son modèle, mais recommandant toutefois à son amant de passage de ne pas lui parler théâtre, pour ne pas se compromettre, habile précaution sans laquelle tout aurait pu se découvrir sur le champ, si la fausse Mlle Molière n'eût pu soutenir le dialogue.

Un si grossier stratagème devait cependant avoir une fin. Un jour que la Tourelle avait donné rendez-vous au président Lescot chez la Ledoux, elle ne vint pas. Inquiet, celui-ci veut se rendre à la Comédie, malgré toutes les raisons que la Ledoux cherchait à lui donner.

Le voici donc à l'Hôtel Guénégaud où il parvient sur le théâtre, au moment où pendant un entr'acte la vraie Mlle Molière, entourée d'admirateurs, reçoit les compliments des habitués.

Le pauvre homme, bien que lui souriant de loin, toutes les fois qu'elle tournait la tête de son côté, ne peut encore lui parler. Il retourne dans la salle où la pièce lui semble d'une longueur interminable, puis, ne pouvant résister à son impatience, accourt à la loge où Mlle Molière se déshabille après le spectacle.

Mlle Molière, surprise de tant de hardiesse de la part d'un homme qu'elle n'avait jamais vu, commence à garder le silence ; le président, se figurant alors qu'elle n'ose parler en présence de l'habilleuse, fait des signes pour qu'on renvoie celle-ci, et comme ces signes restent incompris, il se résout à s'approcher de Mlle Molière et à lui demander ce qui l'avait empêchée de venir au rendez-vous fixé.

Le quiproquo est à son comble. D'un côté Mlle Molière défigurant le président, et de plus en plus assurée qu'elle ne lui avait jamais parlé, et lui, avec un air de bonne foi, lui faisant des reproches sur sa conduite à son égard.

Cette fois, Mlle Molière bondit sous l'outrage ; elle dit à sa fille de chambre d'appeler les comédiennes, ses camarades, et lorsque celles-ci pénètrent dans la loge, à cet appel, elles trouvent un homme dans une fureur inconcevable, et la Demoiselle dans une si grande colère qu'elle ne pouvait plus parler.

On fait monter les gardes de la Comédie, on ferme les portes, on envoie chercher un commissaire, et l'on conduit le président en prison, d'où il ne sortit que le lendemain sous caution.

Mlle Molière, blessée à juste titre dans son amour-propre et dans son honneur, car le président ne pouvait admettre encore qu'il avait eu affaire à une autre per-sonne, ne voulut pas s'en tenir là. Elle obligea la police à faire des perquisitions dans toute la ville ; bref, on retrouva la Ledoux et la Tourelle.

Les pièces du procès nous sont parvenues. Le 17 octobre 1675, à la requête de Damoiselle Claire-Armande-Grésinde-Elisabeth Béjart, veuve de Jean Poquelin, sieur de Molière, la Cour du Parlement de Paris rendait un arrêt « contre Messire François Lescot, conseiller du Roi, président au Parlement de Grenoble ; Jeanne Le Doux, veuve de Pierre Le Doux, et Marie Simonnet, se disant femme de Hervé de la Tourelle... »

La Ledoux en appelait d'une sentence rendue contre elle le 17 septembre précédent, « pour avoir produit, sous le nom de Molière, ladite Simonnet », et condamnant également ladite Simonnet pour s'être servi de ce nom dans le but que l'on sait, pour réparation de quoi (elles sont) condamnées d'être fustigées nues, de verges,

au-devant de la principale porte du Châtelet et devant la maison de ladite Molière ».

Est-ce tout ? Que non pas. La Ledoux paiera vingt livres d'amende envers le Roi, cent livres de réparation civile, dommages et intérêts envers Mlle Molière, et les dépens, puis sera bannie pour trois ans de « la ville, prévôté et vicomté de Paris ».

Le président Lescot devra faire une déclaration au greffe, en présence de Mlle Molière et de quatre témoins choisis par celle-ci, comme quoi il l'a prise pour une autre personne ; acte en sera délivré à Mlle Molière, à laquelle il paiera deux cents livres de dommages et intérêts, pour voir son écrou rayé et biffé des registres.

Quant à la Simonnet de la Tourelle qui s'était précé-demment évadée des prisons du Nouveau-Châtelet, puis avait été reprise, elle fut fustigée en même temps que la Ledoux devant l'Hôtel de Guénégaud.

— 97 —

CHAPITRE X

MADEMOISELLE GUÉRIN

Affaire Guichard. — Les infamies d'un misérable. — Mlle Molière réhabilitée. — Mort de Geneviève Béjart. — Guérin d'Estriché. — L'homme et le comédien. — Second mariage. — Mlle Molière devient Mlle Guérin.

Cette affaire, qui avait fait grand bruit, mais dont Mlle Molière sortait avec honneur, était à peine terminée qu'éclatait le procès Guichard, affaire moins connue dans la suite; car la requête, qui nous est parvenue, œuvre d'un misérable, qui d'ailleurs fut condamné pour faits calomnieux, est tellement injurieuse pour Mlle Molière qu'on aima mieux n'en pas parler.

Hâtons-nous de dire que le Parlement ne tint aucun compte de ces infamies, et que leur auteur fut puni. Voici les faits en peu de mots :

Un sieur Guichard, qui se disait intendant des Bâtiments de S. A. R. Monsieur, avait pour maîtresse Marie Aubry, de l'Opéra, sœur d'Aubry des Carrières, second mari de Geneviève Béjart, et d'un autre Aubry Sébastien, celui-là homme de sac et de corde, lieutenant de police, mais dont le nom se retrouve sur les registres de la Conciergerie, aussi souvent comme prisonnier que comme policier.

Guichard, familier avec les Aubry — on se souvient que Mlle Molière demeurait rue de Seine, dans la même maison que Geneviève et qu'Aubry des Carrières, mari de celle-ci — Guichard donc avait soupé un soir chez Armande.

Jaloux de Lulli, impatient de prendre sa place comme directeur de l'Opéra, il avait eu l'idée, paraît-il, de l'empoisonner, et de charger de ce soin Sébastien Aubry.

Celui-ci, qui recevait 1800 livres par an pour garder les portes de l'Opéra, avait tout intérêt à en ménager le directeur. Pour cette raison ou pour une autre, il révéla à Lulli le projet de Guichard, et Lulli n'eut rien de plus pressé que de faire arrêter Guichard.

Des témoins sont cités, et au nombre de ceux-ci, Mlle Molière. Elle déclare, en effet, lorsqu'on l'interroge, que Guichard a soupé chez elle un jour de novembre 1674, et que, la conversation étant venue à tomber sur Lulli, Guichard lui dit « que Lulli crèverait bientôt », discours tenu en présence d'un sieur Mignon, d'un abbé, neveu de celui-ci, et de tous les valets qui servaient à table.

C'est alors que Guichard — par sa requête deux ans plus tard, au moment de son incarcération — commence à vilipender Jean-Baptiste Lulli « faux accusateur » et « tous ses complices ». En 237 pages — pas une de moins — il couvre d'ordures et d'insultes tous ceux qui sont appelés à déposer contre lui. Mlle Molière, notamment, dont il récuse le témoignage, comme comédienne — et dont le juge accepta parfaitement la déposition — y est traitée comme la dernière des prostituées.

Les registres du Châtelet en date du 27 septembre 1676 font heureusement justice de ces ignominies. Nous y voyons que Guichard fut condamné à être mandé en la Chambre, le Conseil s'y tenant, pour être blâmé, nu-tête, agenouillé, et déclarer que « méchamment et malicieusement » il avait mis à prix l'empoisonnement de Jean-Baptiste Lulli, par le ministère d'Aubry (Sébastien) avec du tabac mêlé d'arsenic.

Il s'en tire en demandant pardon au Roi, à la Justice, à Lulli, et en payant 200 livres envers le Roi, et 4.000 livres envers Lulli, avec défense, sous peine de punitions corporelles, de se trouver à la suite de la Cour.

Sentence dont il fit appel et à laquelle il échappa plus tard, grâce à ses protections.

Quant aux imprimeurs du pamphlet de Guichard, on les rechercha — mollement sans doute — car ils ne furent jamais ni connus, ni retrouvés.

Voici donc Mlle Molière une deuxième fois réhabilitée. Mais on comprendra facilement que cette jeune veuve en avait assez des scandales nés autour d'elle. Se rend-on assez compte des ennuis immérités que lui avaient causés depuis deux ans le procès Lescot et le libelle

Guichard ? Un nouveau mariage ne la mettrait-elle pas à l'abri de ces tracas et de ces calomnies ? Et puis la voilà seule ; sa fille, très jeune encore, est au couvent, et Mlle Aubry (Geneviève Béjart) qui habitait la même maison qu'elle, rue de Seine, est décédée. Ce sont choses sur lesquelles on glisse trop facilement, à notre avis, lorsque l'on vient lui reprocher sans cesse de n'avoir pas voulu rester toujours la veuve de Molière aux environs de trente-cinq ans.

Et d'abord, qu'on ne s'y trompe pas. Ce sont les siècles suivants qui ont placé Molière sur le piédestal où nous le trouvons. Le XVIIe siècle, qui ne le vit jamais entrer à l'Académie, ne connaissait en lui qu'un chef de troupe habile, un auteur de talent, un excellent comédien et un amuseur, mais sans auréole. Personne alors n'eût pu supposer qu'il viendrait un jour où son nom s'écrirait en lettres d'or à côté de ceux de Corneille et de Racine, et que les générations à venir, après avoir admiré l'héroïsme romain et castillan du premier, et le féminisme grec du second, découvriraient en Molière une profonde humanité de tous les temps. N'oublions pas que la tragédie était à cette époque seule en honneur, et que, de nos grands classiques, Molière fut le premier auteur comique *vraiment français.*

Mais tout ceci n'est que verbiage du XXe siècle, et personne ne pouvait reprocher — sauf Lagrange peut-être, l'ami fidèle du Maître, mais qui se taisait — qu'une veuve encore jeune n'eût pas le droit de se remarier pour trouver dans le mariage une tranquillité bourgeoise, si l'on peut dire, au milieu des intrigues où sa profession l'obligeait à vivre. Ce qui nous paraît une énormité aujourd'hui — à cause de Molière, couronné — passait alors pour une chose toute naturelle.

Lorsque la troupe du théâtre du Marais avait fusionné avec celle de Molière, il y avait parmi ses sociétaires un comédien du nom de Guérin, Isaac-François, sieur d'Estriché, Parisien. Fils de comédien, il avait joué la comédie à Lyon, à Chambéry, à Turin, et arrivait en ligne droite de cette ville, en compagnie de la Guiot, sa maîtresse, comédienne, lorsqu'il débuta rue Vieille-du-Temple. C'était alors un homme de quarante-six ans environ, dont les emplois, plutôt ingrats, étaient ceux de confident dans la tragédie, et de rôles à manteau et de raisonneur dans la comédie.

Un naturel parfait, une diction juste et sage, une grande honnêteté, en faisaient un homme sympathique.

Armande plut à Guérin, et celle-ci trouva en Guérin un appui; c'est ainsi que tout naturellement, après quatre années de veuvage, elle s'achemina vers un mariage consacré au début de l'année suivante par la naissance d'un fils qui s'appela Nicolas, et ne prit pas le parti de la comédie.

Telle est la très courte histoire de cette seconde union qu'on lui reprocha tant, oubliant trop que, jeune fille,

elle s'était unie à un premier mari plutôt par amour-
propre, pour devenir « la directrice » et se passer ses fantaisies, que par amour vrai.

Pendant onze ans, cette jeune femme, coupable ou
non, imprudente à coup sûr, n'a trouvé au logis qu'un
quadragénaire morose, songeur, affairé et jaloux, sans
jamais connaître les joies du ménage. Pouvait-elle
comprendre l'honneur qui lui eût incombé si elle avait
conservé à tout jamais le nom qu'elle portait ?

Non qu'elle le repoussât avec dédain. Au théâtre,
elle en est très fière. La meilleure preuve que nous puis-
sions en avoir, c'est qu'elle y maintient le répertoire de
son mari, dans lequel, du reste, elle brille d'un incom-
parable éclat, sans négliger pour cela les pièces nouvelles.

Sous ce rapport, Mlle Molière semble avoir tenu
grand compte des avis de Thomas Corneille. Se souve-
nant que *Don Juan* avait été arrêté au bout de
quelques représentations à cause de certains passages qui avaient fait scandale et valu à l'auteur une
mise à l'index du haut de la chaire, elle pria Thomas·
Corneille de refondre toute la pièce en vers, ce qui fit
dire à l'adaptateur : « Je me réservai la liberté d'adoucir
certaines expressions qui avaient blessé les scrupuleux.
J'ai suivi la prose assez exactement dans tout le reste,
à l'exception des scènes du troisième et du cinquième
acte où j'ai fait parler des femmes ».

Plus tard, de sa propre initiative, ou sur l'invitation

de Lagrange, c'est à ce fidèle disciple du Maître qu'elle remettra les manuscrits non imprimés encore de son mari pour en faire la publication en une édition complète, la première.

En attendant, Lagrange donne de plus en plus ses soins au théâtre, où le fond du répertoire est bien constitué par les pièces de Molière. Le mariage de Guérin avec Armande a créé une mutuelle estime entre ces trois unités, et la probité de Guérin n'a d'égale que celle de Lagrange. Armande leur sert de trait d'union.

Et à ce propos, il est assez d'usage de diminuer le mérite de Guérin. On ne peut lui pardonner sans doute d'avoir épousé la veuve de Molière. Or, de l'avis de tous les contemporains, Guérin fut un comédien très estimable. Pendant les quarante-quatre ans qu'il passa au Théâtre-Français, il se fit remarquer dans *L'Avare, Le Grondeur*; M. Guillaume de *L'Avocat Patelin*, Chrysale des *Femmes savantes*. Il jouait avec autorité les grands confidents, et nul ne l'égala dans le récit de Théramène; il fut encore Arbate et Narcisse. C'est à lui qu'on prête ce propos. Quelqu'un lui reprochait sa générosité un peu prompte : « J'aime mieux, répondit-il, être la dupe d'un intrigant, que de refuser mon assistance à un homme de bien éprouvé par l'adversité. » Voilà l'homme.

Le contrat fut passé le 29 mai 1677. Fait sous le régime de la communauté, il porte que « la future épouse apportera audit futur époux la veille de leurs épousailles, tous les meubles, ustensiles d'hôtel, linge, habits, vaisselle d'argent et d'étain, titres, papiers et effets contenus dans l'inventaire fait à la requête de ladite future épouse, après le décès du sieur de Molière, tous les biens et effets qu'elle a acquis depuis le décès dudit feu sieur son mari... Ledit sieur futur époux a doué ladite future épouse de 500 livres de rente par chacun an ». Guérin demeurait alors dans l'île Saint-Louis.

On a prétendu que ce mariage avait été secret. Pourquoi secret ? Il eut lieu au moins en présence de neuf personnes dont huit signèrent au contrat, la neuvième, la tante de Guérin, ne sachant pas écrire.

Le mariage religieux fut célébré le 31, en la Sainte-Chapelle basse. L'époux y est déclaré « officier du Roy ». Nous savons qu'il était grand, bien fait, le visage long avec de grands traits ; son naturel à la scène était admirable, et il avait le talent, dont il se servait d'une façon supérieure, de faire verser des larmes aux spectateurs.

CHAPITRE XI

FONDATION
DE LA COMÉDIE-FRANÇAISE

Mlle Molière et Lagrange. — Comment on les juge dans une
scène du *Malade*. — La Champmeslé à l'Hôtel Guénégaud.
— Réunion des trois troupes par ordre du roi. — La
Comédie-Française est fondée. — Les manuscrits de Molière.

Il est curieux que toutes les fois que l'on cherche
quelque particularité se rapportant à Mlle Molière, on
découvre une calomnie. C'est ainsi qu'on alla jusqu'à pré-
tendre, en parlant de la naissance de son dernier fils, que
« la grossesse de sa mère parut si fort qu'elle ne pouvait
presque plus jouer », au moment de son second mariage.

Nous ignorons si Nicolas Guérin naquit dans les délais
réglementaires ; mais ce que nous savons, c'est que sa
mère se maria fin mai et qu'il vint au monde au commen-
cement de l'année suivante. Il ne pouvait donc être
question de grossesse *apparente* sept mois plus tôt,
sinon plus.

Dans le répertoire moliéresque, Mlle Molière (Célimène), Guérin (Philinte), Lagrange (Alceste), après avoir
créé Acaste, faisaient un trio admirable, et les amateurs

de théâtre estimaient que l'on ne pouvait rien entendre de plus parfait que les scènes où figurait Mlle Molière avec Lagrange comme partenaire.

Lagrange, c'est toujours le cavalier de tenue élégante, d'une taille un peu au-dessus de l'ordinaire, avec une tête petite, comme nous le voyons sur les gravures du temps, et une jeunesse de physionomie qui devait survivre avec l'âge. La Fontaine nous en a laissé le portrait dans *Ragotin* (Acte premier, scène 3) :

> Je ne sais. Je l'ai pris pour ce comédien,
> Si jeune, si bien fait, qui déclame si bien,
> Qu'on aime tant, et qui, quand la pièce est finie,
> Vient toujours saluer toute la compagnie,
> Et faire un compliment.

On sait qu'il était d'usage, à la fin de chaque représentation, d'adresser un compliment au public et d'annoncer en même temps le spectacle suivant. Celui qui remplissait cette fonction prenait le nom « d'orateur ». Molière l'avait longtemps excercée à son théâtre, puis il s'en était déchargé sur Lagrange qui la remplit avec un véritable talent et la conserva.

Les comptes rendus sont rares à cette époque. Aussi sommes-nous bien aise de rapporter ici l'impression produite par Mlle Molière et Lagrange dans *Le Malade imaginaire*, scène de la leçon de chant au deuxième acte, sur l'auteur anonyme des *Entretiens galants* :

« Cette belle scène, écrit-il, a toujours eu, sur le théâtre

Guénégaud, un agrément qu'elle n'aurait pas sur celui de l'Opéra. Mlle Molière et Lagrange, qui la chantent, n'ont cependant pas la voix du monde la plus belle. Je doute même qu'ils entendent finement la musique ; et, quoiqu'ils chantent par les règles, ce n'est pas par leur chant qu'ils s'attirent une si générale approbation. Mais ils savent toucher le cœur, ils peignent les passions. La peinture qu'ils en font est si vraisemblable, et leur jeu se cache si bien dans la nature, que l'on ne pense pas à distinguer la vérité de la seule apparence. En un mot, ils entendent admirablement bien le théâtre, et leurs rôles ne réussissent jamais bien lorsqu'ils ne les jouent pas eux-mêmes. »

Voulons-nous à présent avoir une idée très exacte de la science scénique qu'ils avaient acquise à force de se donner mutuellement la réplique ?

« Leur extérieur, lisons-nous, a déjà quelque chose qui impose. Leur maintien a quelque chose de touchant. Leur jeu imite si bien la nature qu'ils font quelquefois des scènes muettes qui sont d'un grand goût pour tout le monde... J'ai remarqué souvent que la Molière et Lagrange font voir beaucoup de jugement dans leur récit, et que leur jeu continue encore lors même que leur rôle a fini. Ils ne sont jamais inutiles sur le théâtre. Ils jouent presque aussi bien quand ils écoutent que quand ils parlent. Leurs regards ne sont point dissipés. Leurs yeux ne parcourent pas les loges. Ils savent que leur salle est remplie; mais ils parlent et ils agissent comme s'ils ne voyaient que ceux qui ont part à leur rôle et à leur action. Ils sont propres et magnifiques, sans rien faire paraître d'affecté. Ils se mettent parfaitement bien. Ils ont soin de leur parure avant que de se faire voir; ils n'y pensent plus quand ils sont sur la scène; et, si la Molière retouche quelquefois à ses cheveux, si elle raccommode ses nœuds ou ses pierreries, ses petites façons cachent une satire judicieuse et naturelle. Elle entre par là dans le ridicule des femmes qu'elle veut jouer. Mais enfin, avec tous ces avantages, elle ne plairait pas tant si sa voix était moins touchante. Elle en est si bien persuadée elle-même, que l'on voit bien qu'elle prend autant de divers tons qu'elle a de rôles différents : et, quoique la comédie soit un spectacle, j'ai toujours cru qu'au théâtre, comme ailleurs, les gens délicats préfèrent souvent le plaisir d'entendre à celui de voir », surtout dans des salles médiocrement éclairées aux chandelles.

La troupe du Marais, en venant se joindre à celle de Molière à la salle Guénégaud, avait apporté avec elle le goût des pièces dites « à machines », sortes de féeries avec musique et ballets, qui plaisaient beaucoup au public et faisaient monter les recettes. Thomas Corneille était l'auteur qui avait la spécialité de ces ouvrages, qu'il signait tantôt M. de l'Isle, tantôt M. Corneille le Jeune, et d'autres fois, en collaboration avec de Visé. Le seul reproche qu'on pût leur faire, c'est qu'elles coûtaient très cher à monter. Aussi n'est-il pas étonnant qu'une partie de la compagnie conseillât les pièces « à machines », tandis que l'autre eût préféré s'en tenir aux comédies dans un seul décor.

Circé, dont nous avons parlé, exigeait une symphonie, des danseurs, des chanteurs, six grands assistants (figurants), quatre moyens et dix petits. Il avait fallu payer dix charpentiers pour les travaux dans les frises, dix menuisiers, vingt-deux manœuvres, quatre crocheteurs forts, et chaque jour, c'étaient encore de gros frais en costumes, perruques et accessoires. Les sauteurs seuls se faisaient payer 40 livres. Bref, il avait fallu emprunter 14.000 livres et l'on en avait dépensé près de 11.000 lorsque le rideau se leva — ou s'entr'ouvrit — sur *Circé*, après vingt jours de fermeture. Mais on avait intéressé Mlle Molière à l'entreprise en lui donnant le rôle de Circé. Les recettes qui se traînaient misérablement entre 400 et 800 livres rebondirent à 2.600 et 2.700.

Ces sortes de pièces firent un peu dévier le genre du théâtre. Mais Mlle Molière, qui allait prendre bientôt le nom de Mlle Guérin, conciliait fort bien les unes avec les autres, et celles de son premier mari remplissaient toujours les intervalles.

Dans le même ordre d'idées, ce fut encore *L'Inconnu* de M. de l'Isle (Thomas Corneille) et de Visé, qui remplaça *Circé* sur l'affiche. Les frais préparatoires avaient coûté 2.500 livres et ceux journaliers s'élevaient à 175 livres 5 sols.

Ainsi donc, qui voulait aller entendre Mlle Molière au théâtre Guénégaud, fin de l'année 1675, payait :

> 15 sols au parterre,
> 20 sols aux 3es loges,
> 30 sols aux 2es loges,
> 3 livres à l'amphithéâtre,
> 5 livres 10 sols aux loges basses.

Ce qui nous prouve, soit dit en passant, et en tenant compte de la différence de la valeur monétaire, que le théâtre n'était pas à cette époque si bon marché qu'on pourrait le supposer.

Le Triomphe des Dames, de Thomas Corneille (on disait alors Corneille le jeune), qui suivit, exige encore des « violons marcheurs, des menuisiers marcheurs, des trompettes, etc... » et coûte 4.077 livres à monter.

L'année suivante débute par *Phèdre et Hippolyte*, de Pradon, en concurrence avec la *Phèdre* de Racine, jouée deux jours auparavant à l'Hôtel de Bourgogne. Mais rien ne nous indique que Mlle Molière fût de la distribution de cette pièce qui fit grand tapage. Ce que nous savons plus sûrement, c'est que le 12 février 1677 fut le jour de la première du *Festin de Pierre* que Thomas Corneille avait tiré du *Don Juan* de Molière mis en vers. Le tombeau du commandeur, le « clou » de la pièce avait coûté à lui seul 1.700 livres en peinture, toile et menuiserie. Mlle Molière et l'auteur touchèrent pour cet ouvrage 200 louis d'or de droits d'auteur.

Ces deux dernières années avaient amené quelques changements dans la troupe.

Mlle Aubry (Geneviève Béjart), dans la maison de laquelle habitait Mlle Molière, rue de Seine, était morte, ainsi que De Brie, dont la part avait été réduite de moitié, pour augmenter d'autant celle de sa femme revenue à part entière.

Le Bourgeois Gentilhomme avait été remonté avec musique, ballets, figuration et festin !

Enfin, après de longs débats, le marquis de Sourdéac et Champerron, qui depuis deux ans avaient engagé une lutte contre les comédiens, en voulant se tailler la part du lion dans les recettes du théâtre pour prix de leurs « machines », étaient légalement exclus de la compagnie qui dut néanmoins assurer à chacun une rente viagère de 500 livres.

Quant à Mlle Molière, elle a pris le nom de Mlle Guérin, bien que le public la désignât toujours sous le nom de « la Molière ». Le dernier membre de sa famille, côté des Béjart, Louis Béjart, qui avait été le premier pensionné de la Comédie, venait de mourir à son tour.

Les pièces nouvelles sont rares. On joue à satiété le répertoire de Molière dont on ne se lasse jamais ; mais le grand événement de l'année théâtrale 1679 fut l'entrée

Du Lundy vingtiesme

Jean Baptiste Poquelin fils de feu Jean Poquelin et de feue
Marie Cressé d'une part, et Armande Claire Gresinde
Biard fille de feu Joseph Biard et de Marie
Hervé d'aultre part tous deux de ceste Parroisse viz
a vis le Palais Royal fiancés et Mariés tout —
ensemble par permission de Mr De Comtes —
Doyen de Nostre Dame et grand vicaire de
Monseigneur le Cardinal de Retz Archevesque
des Bars En presence dud' Jean Poquelin Pere du
Marié et de André Boudet Beaufrere du Marié
et de lad' Marié Hervé Mere de lad' Mariée et Louis
Biard et Magdeleine Biard frere et Soeure de lad'
Mariée et Autres aux dispense de deux bans —

J. B. Poquelin J. Armande gresinde Bejart
J. Poquelin   Boudet   Marie Hervé
Louis Bejard Beiart

dans la société de la plus grande tragédienne de l'époque, Marie Champmeslé, qui arrivait avec son mari de l'Hôtel de Bourgogne, où elle avait enthousiasmé les foules avec les tragédies que Racine écrivait pour elle. Racine, devenu historiographe du roi, tout confit en religion, a renoncé au théâtre, à ses pompes et à ses œuvres. Il n'écrira désormais que plus tard, et sur la demande de Mme de Maintenon, *Esther* et *Athalie* pour les demoiselles de Saint-Cyr.

La Champmeslé a compris qu'elle ne pouvait plus compter sur son poète à l'Hôtel de Bourgogne. Elle a préféré passer armes et bagages au théâtre Guénégaud dont les sociétaires, indépendamment de sa part entière, lui assurent mille livres de pension.

Désormais, rue Mazarine, la tragédie c'est la Champmeslé ; la comédie c'est la Guérin, pour parler le langage d'un temps où l'article *la* devant le nom d'une femme n'avait rien d'outrageant, comme l'usage en est resté en Italie où la plus grande comédienne de notre époque — celle qui vient de disparaître — « la Duse » n'a jamais été désignée autrement.

Ou bien, le couple Champmeslé avait-il compris que le théâtre de l'Hôtel de Bourgogne touchait à sa fin, ce qui devait arriver un an plus tard avec la mort de La Thorillière qui en était l'administrateur ?

Cependant, à l'Hôtel Guénégaud, Mlle Guérin ne pouvait laisser toute la place à la Champmeslé qui y avait transporté son plus beau répertoire tragique. Elle eut encore recours à ses « fabricants » ordinaires, Thomas Corneille et de Visé, qui lui confectionnèrent une pièce à spectacle, *La Devineresse*, dans laquelle elle put faire un étalage de costumes tel que tout Paris accourut pour les voir. Délaissant les manteaux plissés que l'on portait alors, elle en adopta de tout unis qui dessinaient la taille qu'elle avait fort belle. Ces manteaux qui firent fureur prirent le nom de manteaux à la *Sylvie de Molière*, et un éditeur, exploitant ce succès, lança pour l'année 1680 l'*Almanach de la Devineresse* dans lequel sont représentées quelques scènes.

Bref, le succès de *La Devineresse* fut si grand, renforcé par les représentations de la Champmeslé, qu'à Pâques, la part de sociétaire, qui les années précédentes n'avait pas dépassé 3.200 livres, s'éleva cette année théâtrale à 6.586 livres 10 sols.

Le 27 juillet, La Thorillière mourait à l'Hôtel de Bourgogne. Il en arriva de ce théâtre, comme il en était arrivé pour celui du Palais-Royal à la mort de Molière, et le roi vit, en cette occasion, le moyen de réaliser le désir qu'il caressait depuis longtemps : la jonction de toutes les troupes.

On a souvent parlé du décret de Moscou fixant les règlements qui régissent encore la Comédie-Française. Mais si Napoléon s'occupait du fond de la Russie de ses comédiens, Louis XIV n'oubliait pas les siens à Charleville. Lisez plutôt la copie des ordres du roi pour la jonction des deux troupes :

« Sa Majesté, désirant de réunir les deux troupes des comédiens qui représentent dans Paris, m'a ordonné de leur faire savoir que son intention est de garder à son service ceux dont j'ai écrit les noms dans ce mémoire, Sa Majesté voulant qu'il soit exécuté dans tous les points ; et ceux et celles qui n'y acquiesceront pas ne pourront désormais jouer dans Paris.

A Charleville le 8 août 1680.

Signé : le Duc DE CRÉQUI. »

La Comédie-Française était fondée.

La troupe des Italiens, qui avait jusqu'alors partagé avec les Comédiens français la salle de Guénégaud, passait à l'Hôtel de Bourgogne, et la nouvelle troupe française, la *seule*, gratifiée de 12.000 livres de pension par le roi, commençait ses représentations rue Mazarine avec 21 parts 1/4 divisées entre 15 acteurs et 12 actrices.

Que devenait Mlle Guérin dans la nouvelle combinaison ? Elle restait sur la brèche, au second plan, après Mlle Champmeslé ; mais ce n'était plus « la patronne ». C'était une sociétaire à part entière, jouissant d'une grande autorité, défendant surtout, avec Lagrange, le répertoire de son premier mari, mais une sociétaire dont l'étoile ira, dès lors, sans cesse en pâlissant.

Peu de temps après cette jonction eut lieu par les

soins de Lagrange et d'un certain Vinot, qui avait été l'ami de l'auteur, la première édition des œuvres complètes de Molière, précédées d'une préface, sobre en sa forme, mais respectueux hommage d'un fidèle disciple.

A ce propos, on a discuté souvent et longtemps pour savoir ce qu'étaient devenus les manuscrits de Molière dont on ne possède pas un seul. Ses autographes sont même très rares ; le plus long connu — un reçu — que possède la Comédie-Française, n'a pas plus de quelques lignes.

Par contre, les signatures retrouvées dans les baptistères des églises et dans les études des notaires sont assez nombreuses.

Logiquement, ces manuscrits avaient dû rester entre les mains de sa femme. Nous venons de voir qu'elle les remit à Lagrange en vue d'une édition complète. De deux choses l'une : ou Lagrange les rendit à Mlle Molière, ou il les garda chez lui. Mais nous avons une presque certitude qu'ils n'étaient plus chez Mlle Molière, en 1699 — avant sa mort, par conséquent — et voici comment.

A cette date, son fils, Nicolas Guérin, jeune homme de vingt et un ans, se mit en tête d'achever et de mettre en vers *Myrtil et Mélicerte*, pastorale de Molière qui avait servi de troisième entrée au *Ballet des Muses*, écrite sur ordre du roi, et dans laquelle avait débuté le jeune Baron, alors âgé de treize ans.

« Il était de mon intérêt, écrit le continuateur, de faire

un prologue qui m'excusât dans l'esprit de mes auditeurs et qui leur fît connaître le respect et la vénération que j'ai toujours eus pour M. de Molière ; j'avouerai en tremblant que le troisième acte est mon ouvrage et que je l'ai travaillé *sans avoir trouvé*, dans ses papiers, ni le moindre fragment, ni la moindre idée. »

Cette déclaration est précieuse à retenir à plus d'un titre. Elle nous prouve d'abord que Mlle Molière, devenue Mlle Guérin, avait élevé son fils du second lit dans le respect de son premier mari, que le nom de Molière était prononcé avec vénération dans le ménage Guérin ; nous voilà loin de l'indifférence qu'il est d'usage d'attribuer à Armande. Elle nous apprend ensuite que s'il y avait là encore des *papiers*, terme assez vague, il n'est nullement question de *manuscrits*.

L'opinion généralement admise est que les manuscrits, restés chez Lagrange, sont tombés entre les mains de sa veuve, ancienne femme de chambre de Mlle De Brie et peu lettrée, qui n'en connaissait pas la valeur, et dut s'en débarrasser en bloc quand elle vendit la bibliothèque de son mari. Ils ne furent jamais retrouvés.

CHAPITRE XII

SOLEIL COUCHANT

La Comédie transférée aux Fossés-Saint-Germain. — Mort de
Lagrange. — Retraite de Mlle Guérin-Molière. — Sa mort
rue de Touraine (rue Dupuytren). — La fille de Molière. —
La maison de Meudon. — Le pamphlet *La Fameuse Comédienne*. — Une femme par trop calomniée. — Ce qu'elle
fut en réalité.

Il nous faut, à présent, franchir quelques années pour
signaler un événement important dans ce théâtre, où
Mlle Guérin continue toujours à faire son service dans
le rang, tandis que la Guiot, retirée avec 1.000 livres de
pension, est devenue receveuse de billets à la Comédie,
aux appointements de trois livres par jour.

Au mois de juin 1687, M. de la Reynie, lieutenant de
police, au nom du roi et de M. de Louvois, avertit les
comédiens d'avoir à changer de domicile, les docteurs
de la Sorbonne allant prendre possession du collège voisin
des Quatre Nations (Institut actuel) et trouvant ce voi-
sinage indigne d'eux.

Cette nouvelle éclatait comme un coup de foudre.
Le temps était déjà passé où l'on pouvait s'installer
dans n'importe quel jeu de paume. Il fallait à présent

une véritable salle de théâtre avec une scène machinée pour les pièces à grand spectacle, et sans affirmer qu'il existât déjà en la bonne ville de Paris une « crise du logement », trouver un nouveau local n'était pas si facile qu'on pourrait croire.

Ce fut Lagrange, l'homme indispensable, qui se chargea encore de ce soin. Mais, quel que fût le quartier où il portait ses pas, il trouvait clergé, chapitre, robes longues, contre lui et ses camarades.

C'est le curé de Saint-Germain-l'Auxerrois qui ne veut pas que l'on entende le son des violons jusque dans son église, ni que ses orgues s'entendent dans une salle voisine; c'est celui de Saint-André-des-Arts qui s'oppose à une installation quelconque sur sa paroisse où il y a déjà « trop de cabarets ». C'est enfin celui de Saint-Eustache qui se plaint d'avoir déjà dans son ressort l'Opéra et le Théâtre-Italien. L'on connaît bien un terrain libre rue de l'Arbre-Sec ; mais le roi déclare que cet emplacement ne lui plait pas.

Bref, on trouve une salle de jeu de paume, rue Neuve-des-Fossés-Saint-Germain (rue de l'Ancienne-Comédie actuelle) où l'on pourra se transporter avec l'autorisation royale, mais tout y est à faire, et lorsque, au bout de deux ans, et après cinq semaines de relâche, le rideau se lèvera sur *Phèdre* et *Le Médecin malgré lui*, le 18 avril 1689, nos comédiens auront dépensé 198.233 livres 16 sols, 6 deniers, somme considérable, équivalant à quelques millions de francs de notre monnaie, et qui les endettera pour longtemps.

C'est l'emplacement occupé aujourd'hui par une maison sur laquelle on peut voir encore au fronton une figure de Minerve |en demi-relief. Cette salle, construite par François d'Orbay, fut la première en France affectant la forme d'un fer à cheval. On n'avait connu jusqu'alors que des salles rectangulaires installées dans des jeux de paume, ou sur ce modèle. Grâce au parterre debout, elle pouvait contenir de 1.500 à 2.000 personnes. Elle passa alors pour une des plus belles de l'Europe.

De l'ancienne troupe de Molière que restait-il rue des Fossés-Saint-Germain ? Mlle Guérin (Molière), Lagrange, et les transfuges ramenés de l'hôtel de Bourgogne, le couple Beauval et Baron, Tous les autres, ou morts, ou retraités. On applaudit encore Mlle Guérin et Lagrange dans la leçon de chant du *Malade*, ou Mlle Guérin (Célimène), Lagrange (Alceste), et Guérin (Philinte), dans *Le Misanthrope*. Leurs apparitions à la scène vont en se distançant de plus en plus.

Le 1ᵉʳ mars 1692, on apprend une nouvelle qui frappe toute la compagnie de stupeur. Lagrange, dont chacun reconnaissait la supériorité si modeste, la cheville ouvrière du théâtre, Lagrange est mort subitement. Il avait joué dix-huit fois en février ; on avait pu le voir encore dans *Les Femmes Savantes*, *L'Avare*, *Le Dépit Amoureux*, quelques jours plus tôt. Lagrange est mort à cinquante-trois ans en son domicile, porte Buci, et ses camarades accompagnent ses restes jusqu'au cimetière de Saint-Sulpice. Mort étrange, que l'on attribua au chagrin qu'il avait éprouvé de voir sa fille unique Manon (Marie-Jeanne) malheureuse en ménage au bout de deux mois.

De ce jour, il semble que Mlle Guérin, privée de son partenaire, se soit encore plus éloignée de la scène. En l'année théâtrale 1693-94, elle ne joua que soixante-deux fois. Elle n'accompagne même plus ses camarades quand ils vont jouer à la Cour, à Fontainebleau. A Pâques, elle prit sa retraite et obtint la pension de 1.000 livres, vivant le plus souvent dans sa maison de Meudon, ou à Paris, rue de Touraine (aujourd'hui rue Dupuytren, 6), où elle mourut le 30 novembre 1700. Elle fut inhumée à Saint-Sulpice deux jours plus tard.

Quant à Guérin, bien qu'âgé de soixante-quatre ans au moment de la retraite de sa femme, il continua son service au théâtre jusqu'à l'âge de quatre-vingt-deux ans. Bizarre coïncidence : le second mari de Mlle Molière devait être frappé là même où son premier l'avait été : au théâtre du Palais-Royal.

C'était l'usage, depuis 1716, que la Comédie-Française vint une fois par semaine, le mercredi, donner une représentation dans la salle de l'Opéra (ancienne salle occupée par la troupe de Molière). Or donc, un mercredi de fin juillet 1717, on avait affiché *Héraclius*, et Guérin, qui jouait le rôle d'Exupère, descendait de sa loge pour entrer en scène au moment où il eut une attaque d'apoplexie. Il n'en mourut pas cependant, prit sa retraite, et vécut jusqu'au 28 janvier 1728, date à laquelle il s'éteignit à l'âge de quatre-vingt-douze ans, rue Saint-Germain-des-Prés. Depuis 1723, le roi lui faisait une pension de 300 livres, en plus de celle qu'il touchait de la Comédie. Il était resté veuf vingt-huit ans. Quant au fils qu'il avait eu d'Armande, il était mort à l'âge de trente ans, huit ans après sa mère et vingt ans avant son père. On ne connaît pas de portrait de Guérin.

Sait-on que Mlle Molière eut des armes ? C'est l'*Armorial Général de Paris* qui nous l'apprend. Suivant la mode d'alors, Guérin et sa femme portaient « d'azur au chevron d'or accompagné en chef de deux croissants, de même et en pointe d'une gerbe d'or accostée de deux tourterelles d'argent, accolé d'azur à la face d'argent accompagné de trois mollettes d'or, deux en chef et une en pointe ». Nous laissons le soin à un expert en art héraldique de nous en donner l'explication.

Il nous reste à dire quelques mots de la fille de Molière, Esprit-Madeleine, la seule enfant qui survécut sur les trois qu'Armande avait eus de son premier mariage.

Esprit-Madeleine, qui portait à la fois les prénoms de son parrain, le comte de Modène, et de sa marraine Madeleine Béjart, avait sept ans et demi à la mort de son père. Mise au couvent, nous savons seulement qu'à sa majorité elle réclama ses comptes de tutelle à sa mère qui lui préférait de beaucoup le fils qu'elle avait eu de son second mariage avec Guérin. Elle était alors comme pensionnaire chez les Dames de la Conception, rue Saint-Honoré. Une transaction eut lieu après une procédure interminable.

Quand Mlle Molière mourut, le 30 novembre 1700, elle laissait donc comme héritiers ses deux enfants, frère et sœur utérins, ainsi que son second époux. Esprit-Madeleine habita la maison de Meudon jusqu'en 1705. Entre temps, riche héritière, surtout du chef de son père, elle avait vieilli dans l'attente d'un parti que sa mère ne s'était jamais empressée de lui offrir.

Suivant une tradition, il paraîtrait que fatiguée de ce célibat prolongé, elle se serait laissé enlever par un prétendant de bonne maison, mais très pauvre, M. Claude de Rachel, sieur de Montaland, qui n'avait pas moins de cinquante-neuf ans, alors qu'elle-même atteignait la quarantaine.

Ils finirent par se marier très régulièrement en 1705, et la fille de Molière quitta alors Meudon pour suivre son mari à Argenteuil, où ils habitèrent rue de Calais. C'est là qu'elle mourut le 23 août 1723, à cinquante-huit ans, sans laisser d'enfants. Avec elle s'éteignait la descendance directe de Jean-Baptiste Poquelin Molière, dont la fortune passa tout entière à M. de Montaland, qui survécut encore quinze années à sa femme.

Grimarest, auteur d'une *Vie de Molière* et qui semble avoir connu sa fille, vante « l'arrangement de sa conduite, la solidité et l'agrément de sa conversation ».

La maison de Meudon, que la veuve de Molière avait achetée quelques jours avant son second mariage — elle en avait auparavant possédé une petite au Mont Valérien, sur la paroisse de Rueil — fut revendue par ses héritiers en 1705, après un partage de famille, à un premier valet de chambre de Mgr le Dauphin, et gouverneur de Meudon. Le mobilier passa à Argenteuil, mais il y resta des glaces encastrées dans leurs panneaux de boiserie et remarquables par les peintures qui les surmontent. M. Ed. Dulaurier, membre de l'Institut, qui s'en rendit acquéreur en 1876, tint à en conserver le caractère primitif et obtint pour la « Villa Molière », le titre de « monument historique ». Ces deux mots inscrits sur la façade de la maison, 11, rue des Pierres, nous rappellent encore maintenant que cette maison de campagne fut celle d'Armande, et en perpétuent le souvenir.

Les dernières années de Mlle Molière se passèrent donc dans le calme le plus absolu. Se laissant aller à son caractère indolent, il semble qu'elle se soit, peu à peu, désintéressée de tout ce qui avait eu tant d'attraits pour elle, et cependant, quand elle se retira de la scène, elle n'avait guère plus de cinquante ans.

Pourquoi faut-il que ce repos bourgeois, que cet intérieur tranquille aient été troublés par la publication d'un libelle dont nous ne connaissons ni l'auteur, ni le lieu d'impression, ni la date de publication ? Qui pouvait avoir intérêt à diffamer Mlle Molière après son second mariage? Car, ne nous y trompons pas, ce pamphlet n'a pas été lancé du vivant de Molière. *Les Intrigues de Molière et celles de sa femme* ou *La Fameuse Comédienne* portent comme sous-titre *Histoire de la Guérin*. Le pamphlétaire a donc attendu qu'elle soit remariée, alors qu'elle se contentait, dit-il, « d'occupations domestiques ». Ce n'est donc pas à la comédienne dont le beau temps est passé, que l'on s'en prend, mais à la femme. Pourquoi ?

La première édition connue, portant une date, est celle de 1768. Mais le nom de l'imprimeur, Rottenberg, est faux, aussi bien que celui du lieu de l'impression, Francfort. On a fait remarquer que Rottenberg traduit assez exactement Rosimont. Or, il y avait dans la troupe un comédien du nom de Rosimont. Quelles auraient été les raisons de la haine de Rosimont contre sa camarade ? On mit en avant les noms les plus variés. Une seule personne aurait pu en vouloir à ce point à Mlle Molière, la Guiot, à laquelle elle avait enlevé son amant en l'épousant ; la Guiot, devenue par la suite receveuse des billets à la Comédie. Et comme elle ne mourut qu'en 1691, des suites d'un accident, elle était donc vivante au moment de la publication du libelle. Personne ne mit pourtant son nom en avant, et rien ne nous autorise à l'y mettre, en supposant qu'elle ait suggéré cette idée à Rosimont. La vérité n'est pas connue.

Toutefois le style est celui d'un homme. La chose est certaine. Rosimont savait écrire. Il avait publié en 1680 une *Vie des Saints* sous le nom de Dumesnil.

Ch.-L. Livet qui se livra, il y a quelque cinquante ans, à une étude approfondie de ce pamphlet, ne se prononce pas davantage; mais il nous met sous les yeux certaines comparaisons entre le style de la *Vie des Saints* et celui de *La Fameuse Comédienne,* qui ne sont pas sans nous troubler.

On trouve fréquemment, dans la *Vie des Saints,* des incidentes reliées par la conjonction *que* à un même verbe, par exemple : « L'ange lui répondit *que* le Saint-Esprit surviendrait en elle ; *que* la vertu du Très-Haut la couvrirait de son ombre et *que* le fruit saint », etc...

Et dans le libelle : « Cette honnête confidente lui fit entendre *qu'une* jolie femme... *que,* de plus, il y avait des amants... *que* tous les hommes... *qu'à* l'égard de... et *que*... *que,* si elle voulait... et *qu'elle* pouvait compter », etc...

On nous objectera peut-être que c'était là le style de l'époque. Il n'importe. Jamais il ne fut à ce point aussi personnel.

Nous n'insisterons pas davantage, et laisserons Rosimont dans l'oubli. Quel qu'il soit, l'auteur du pamphlet, en ramassant toutes les calomnies les plus honteuses, tous les racontars les plus stupides pour salir une femme, commit une mauvaise action.

La postérité, pendant longtemps, ne connut donc Mlle Molière que par la lecture de *La Fameuse Comédienne* tirée à plusieurs éditions, toujours sans nom d'auteur, puis par le factum Guichard écrit par un misérable qui, pour se disculper d'une tentative d'empoisonnement contre Lulli, couvrait d'ordures tous les témoins qui pouvaient déposer contre lui, ce qui lui valut d'ailleurs une condamnation.

De ces deux « réquisitoires », si l'on peut dire, nous ne pouvions nous dispenser de parler. Du premier nous avons signalé quelques invraisemblances, tout en retenant les passages qui peuvent avoir un air de vérité. Quant au second, dont nous avons parlé, il ne mérite même pas l'honneur qu'on s'y arrête plus longtemps.

Voilà donc une femme jugée !

Nous avons dit ici, avec impartialité, tout ce que nous avons cru être la vérité, pour défendre, dans la mesure du possible, une femme qui, de son vivant et après sa mort, fut outrageusement trop vilipendée.

Enfant gâtée, dont on passait tous les caprices, peu jolie, mais bien douée, possédant naturellement le charme et la grâce, spirituelle, coquette, aguichante, mal mariée, imprudente à coup sûr, fautive peut-être, vivant dans un milieu dangereux, puis veuve très digne, atrocement calomniée surtout par ceux des Moliéristes qui

n'ont jamais pu lui pardonner de ne pas être restée la
« veuve de Molière », et se réfugiant entre les bras d'un
honnête homme pour y finir bourgeoisement ses jours,
mais toujours au théâtre l'exquise comédienne que l'on
sait, telle fut dans la réalité Armande Béjart, qui tra-
versa la vie comme dans un rêve.

TABLE DES MATIÈRES

CHAPITRE VIII

La garde-robe d'une comédienne

CHAPITRE IX

Le théâtre de Mlle Molière

CHAPITRE X

Mademoiselle Guérin

CHAPITRE XI

Fondation de la Comédie-Française

Imp. des *Presses Universitaires de France*, Paris. — 1925. — 0221

TABLE DES PLANCHES